战略平衡计分卡践行指南
——欧式方法论

GUIDEBOOK OF BALANCED SCORECARD
THE EUROPEAN APPROACH

第5版

[德] 何伟·R. 非达　　[德] 瓦尔特·施密特　著

吴　峥　吴　嵘　译

地质出版社

·北京·

图书在版编目（CIP）数据

战略平衡计分卡践行指南：欧式方法论：第5版/（德）何伟·R. 非达，（德）瓦尔特·施密特著；吴峥，吴嵘译.—北京：地质出版社，2021.3
书名原文：Balanced Scorecard, 5. Auflage
ISBN 978-7-116-12492-9

Ⅰ.①战… Ⅱ.①何…②瓦…③吴…④吴… Ⅲ.①企业管理—战略管理—指南 Ⅳ.① F272.1-62

中国版本图书馆CIP数据核字（2021）第006926号

引进版图书合同登记号 北京市版权局图字：01-2020-5429号

ZHANLÜE PINGHENG JIFENKA JIANXING ZHINAN——OUSHI FANGFALUN

责任编辑：	张曌嫘
责任校对：	王 瑛
出版发行：	地质出版社
社址邮编：	北京市海淀区学院路31号，100083
电　　话：	(010) 66554528（发行部）；(010) 66554512（编辑室）
网　　址：	http://www.gph.com.cn
传　　真：	(010) 66554541
印　　刷：	河北华商印刷有限公司
开　　本：	787mm × 1092mm $\frac{1}{16}$
印　　张：	6
字　　数：	95千字
版　　次：	2021年3月北京第1版
印　　次：	2021年3月北京第1次印刷
定　　价：	48.00元
书　　号：	ISBN 978-7-116-12492-9

（版权所有·侵权必究；如本书有印装问题，本社负责调换）

作者寄语

在这本《战略平衡计分卡践行指南——欧式方法论》中，我们讲述了一个非营利组织——悦生活协会（Gutleb Association）的故事。在竞争激烈的商业环境中，该组织不仅要解决当下的生存问题，更重要的是，还要兼顾对未来的未雨绸缪。未来会是什么样子？哪方面可以做得更好？组织中的每个人该如何朝着共同的目标努力？在平衡计分卡中，悦生活协会找到了实现这一切所需要的管理工具。

平衡计分卡的背后是什么？它只是一个绩效管理系统吗？它与企业战略、核心形象、愿景或使命之类的概念又有什么关系？我们将为你展示这一方法的巨大潜力：有效引导许多利益共同体朝一个共同的目标行动！

你可以循序渐进地了解平衡计分卡的内容、优势及制定和实施方法，而这些方法，无论运用在商业组织还是任何其他形式的组织都可行。

我们希望通过本书，使读者能深刻地认识和理解到：你也能用平衡计分卡为自己的公司挖掘巨大的潜力、创建光明的未来！

何伟·R.非达博士　　瓦尔特·施密特博士

德国，柏林

写在前面的话

今天是 2020 年农历元宵节，身处新型冠状病毒肺炎疫情笼罩的中国，我和几亿同胞一起为阻断疫情传播而"自我隔离"在家。拾得十几天的清净，初步完成了计划已久的本书的翻译工作。

回想 2019 年的春节我也是"闭关"在家，冥思苦想，想要弄懂一个问题：到底如何有效地使用平衡计分卡制定企业战略（以下简称为战略）？

2018 年新年前夕，我就职的老虎表面技术新材料有限公司（TIGER SURFACE NEW MATERIAL，以下简称老虎中国），引进了（美国）罗伯特·S. 卡普兰和大卫·P. 诺顿的平衡计分卡管理法。这个方法吸引我的是它的基本理念："如果说不清楚战略，也就做不明白，进而导致无法实现目企业目标"。

老虎中国是一家生产环保工业涂料的外资公司，源自有 90 年历史的奥地利家族企业，进入中国市场已有 20 个年头。20 年来风风雨雨，老虎中国虽然掌握着先进的环保涂料的配方技术和制造工艺，但前期在中国商业大环境下也曾一度举步维艰。近年来，高端品牌定位和细分品类领导者的战略让老虎中国成为行业标杆。未来，在中国环保政策利好的依托下，如何让企业聚焦资源，把握先机，在高度竞争的商业环境中"潇洒"地另辟蹊径，已成为公司这几年战略工作的核心。

2018 年末引入的平衡计分卡管理法，是为制定"TIGER 2019"做铺垫。刚开始接触时感觉它不仅考虑到公司的财务目标，也考虑到客户的需求、公司内部资源的匹配以及员工发展的要求，能够帮助我们跳出原有的结构思考未来。同时，战略地图明确了战略各方面的因果关系：员工能力提高→增强公司内部价值链协同能力→更好地满足客户和市场的需求→更好地为公司创造价值。这将复杂的战略要素完美呈现，一目了然，但在使用过程中，参与战略制定的同事们也提出以下一系列疑惑。

◎ 战略地图制作很复杂，一般管理人员无法独立处理。

◎ 平衡计分卡中的财务视角是运营财务指标，不是企业战略方向，分解给各部门来执行时，得出的结果和传统关键绩效指标法（KPI）没有太大区别，那为何还要费劲绕这么大弯子呢？
- 运营层面和战略层面的目标混在一起，造成目标成倍增加，聚焦不够，战略方向不明确。
- 实现目标的行动和项目混在一起，战略驱动因素的颗粒度太细，以至于实现目标的路径不清。

为了解答这些困惑，我利用2019年春节假期，通读卡普兰（R. S. Kaplan）、诺顿（D. P. Norton）和麦克·波特（M. E. Porter）等学术大家的战略书籍，同时凭借我的中、英、德语言优势，在网上搜索各类有关平衡计分卡的实战案例和落地经验。一位德国读者对一本书的介绍引起了我的注意：这是一位德国家族企业的负责人，谈到他阅读非达（Herwig R.Friedag）和施密特（Walter Schmidt）合著的 *Balanced Scorecard* 一书后受到很大启发，继而邀请他们为企业做咨询辅导，最终扭亏为盈。我顺藤摸瓜找到此书，看完后可以说是醍醐灌顶，一下子找到了那个缺失的通关链条！

非达和施密特的著作给我最大的启发有以下三点。
- 从始到终严格区分"构建战略潜力"和"完善经营能力"两大管理中心，一个是为未来探险铺路，一个是为现在增值赚钱，二者相辅相成，同等重要，不可偏废；二者应用的管理方法不同，不能混淆（图1）。

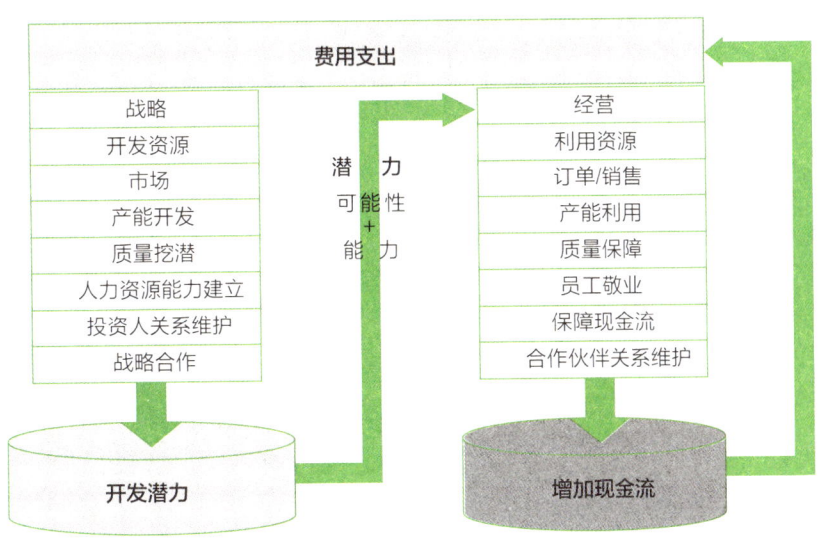

图1　开发潜力和运用潜力

◎ 从未来（愿景）推导出今天（目标），从大的企业使命、商业理念和商业模式推导出小而具体的战略项目和行动。加上平衡计分卡这张筛网，最后"滤"出来的是清晰聚焦的战略方向和做法。这好比给企业添加一个战略"漏斗"，既有利于后续增加行动时进行筛选，又便于问题产生时追根溯源（图2）。

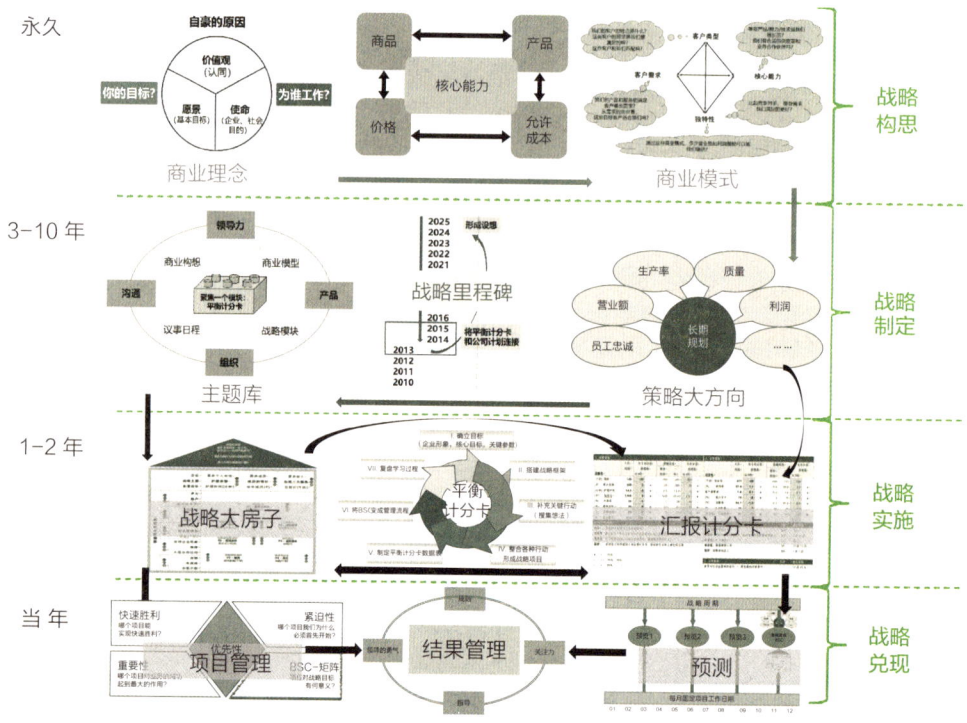

图2 战略的构思、制定、实施和兑现过程

◎ 关注培养开放平等的企业文化和扁平的组织架构，作为战略实施的土壤。因为战略不只是领导的事，也不只是某个战略部门的事，而是组织中每个人的事。

这本书就像是为老虎中国量身打造的。功夫不负有心人，运气永远属于不断寻找的人。

兴奋之余，我迫不及待地将这本书介绍给骆飚先生（老虎中国的首席执行官）。结果，他也通宵达旦一口气读完，读后感很简单："绝了！"

"麻烦您把两位先生请到中国来！"我脱口而出。

"在德国呢！"骆先生一脸的诧异。

"那又怎样？"我的语气里没有一丝一毫的犹豫。

"那成，我来搞定！"北京爷们儿就是干脆。

几天之后骆先生按照网页上给出的号码拨通了一个德国柏林的电话：

"您好！我是非达。"

"您好！我是老虎涂料的骆飚，我从上海打来……"

"对不起！"对方的态度一下子变得生硬，"我什么都不买！请您立刻删除这个号码！今后不要再打来了！"听得出对方正要挂断电话。

"请您等等，我想您可能误会了！我不是想卖给您什么，而是想买您的服务！"

听到对方语气有所缓和后，骆先生接着说："我刚刚拜读了您和施密特先生的著作，非常震惊和欣喜，不知道您有没有兴趣担任我们的企业顾问，协助我们制定企业战略？"

"您刚才说您是老虎涂料的……，嗯，TIGER，嗯，奥地利……"能听出老先生正在上网搜索。

接下来双方有问有答地交换背景信息，很快在很多方面达成共识。就这样，下午3:30开始打电话，4:30收到对方正式报价，晚上7:00回签确认，成交！

貌似简单的开始，实际是开启了一段不寻常的漫长而艰巨的旅途……

接下来是历时3个月的工作坊组织准备：选择参会人，翻译教材，不断和德国电话会议沟通以及前期管理层动员，等等。这期间骆先生还应邀前往柏林与两位老先生进行第一次面对面交流，其实这是合作之前的"面试"，老虎中国顺利通过！终于，第一次平衡计分卡工作坊于2019年5月12至15日在苏州太仓创建，老虎中国的战略构思应运而生。接下来在7月29至31日进行了三天极度烧脑的战略行动制定工作坊活动，终于为未来三年企业发展而构架的平衡计分卡战略大房子搭建完成。

虽然之后的战略实施（包括：战略项目管理、汇报计分卡制定以及战略实施情况跟踪）主要是公司内部的工作，但今后两位老先生还会伴随我们继续研究和探讨老虎中国的战略之路，比如参加我们的战略项目评审会议和一年两次的战略调整会议。

非达和施密特的平衡计分卡源自卡普兰和诺顿的理论，同时在实施制定方法上做了大胆的调整和创新，这在他们的书中进行了有理有据的论证，所以我在认同他们的方法论仍是平衡计分卡方法论的前提下，将其称为"欧式"平衡计分卡。

这本书解开了我在企业管理上多年的困惑。翻译这本书就是为了让和我一样为企业战略"较真"而不满足于"纸上谈兵"的管理者，也能了解这套逻辑简单且实用的方法。如果你是一位熟悉平衡计分卡的读者，可以直接从第二章开始阅读，并跟随书中的案例叙述，体会每一步的意图和战略版图的拼接过程。如果你还是一个肩负战略实施重任的管理者，那么最后一章的核对清单会对你很有用，不妨将其打印出来，在阅读过程中加以对照。若有问题想找人切磋，你可以通过邮箱（office@tiger-coatings.com）联系我们。

如果你问我，折腾了这么久，目前老虎中国的战略工作有起色吗？我的回答是：我们还在路上，但在正确的路上。因为我看到参与项目的每一个伙伴发自内心的热情，看到共同目标给集体带来的凝聚力和认同感，看到清晰的未来使每个人迸发出的创新力，这一切都是前所未有的。我很感恩也很珍惜这次"相遇"。

最后，借德国思想家歌德的一句名言表达我的感受：理论是灰色的，唯有生命之树常青！

译者吴峥（前排左一站），骆飚（前排左一坐）施密特先生（前排右二）非达先生（前排右一），背景是老虎中国的战略大房子

2020年元宵节，上海，青浦，浅山

译者　吴峥

目 录

1 平衡计分卡——导引 　　1

1.1 悦生活协会介绍 　　3
1.1.1 协会的基本定位 　　3
1.1.2 未来路在何方？ 　　4

1.2 什么是平衡计分卡 　　5
1.2.1 简介 　　5
1.2.2 平衡计分卡的实际应用 　　7

1.3 卡普兰和诺顿的方法 　　9
1.3.1 卡普兰和诺顿的平衡计分卡的构建过程 　　10
1.3.2 战略中心型组织的建立 　　11

1.4 非达和施密特的欧式平衡计分卡方法 　　13
1.4.1 找到共同目标 　　14
1.4.2 欧式平衡计分卡的制定过程 　　14

1.5 平衡计分卡的 7 条原则 　　16

2 平衡计分卡——制定 　　23

2.1 搭建框架：我们的战略 　　25
2.1.1 出人意料的开始 　　25
2.1.2 以个人自我介绍开始的好处 　　25
2.1.3 战略视野 　　26
2.1.4 建立并保持"创造性张力" 　　27

2.1.5	我们的战略探索	28
2.1.6	价值观——共同的身份认同	28
2.1.7	愿景 —— 我们为什么而努力	29
2.1.8	使命——我们为谁而存在	30
2.1.9	我们的核心能力	30
2.1.10	悦生活的商业模式	31
2.1.11	"2025 战略规划"	32
2.1.12	战略里程碑	32
2.1.13	主题库和工作焦点	33
2.2	制定平衡计分卡的 7 个步骤	34
2.3	步骤 1：确定核心形象和核心目标	35
2.3.1	核心形象——如何看待我们的公司	35
2.3.2	核心目标——我们想实现什么	36
2.4	步骤 2：搭建战略矩阵	37
2.4.1	战略主题	38
2.4.2	潜力开发领域	38
2.5	步骤 3：聚焦战略行动	40
2.5.1	OAR 行动卡	41
2.5.2	选择 OAR 范例	43
2.5.3	题外话：前置和后置参数	48
2.6	步骤 4：汇集行动形成项目	49
2.6.1	合并行动方案	49
2.6.2	战略项目审查	50
2.6.3	整合现有项目	53
2.6.4	战略项目立项	54

	2.6.5 战略项目管理	55
2.7	步骤 5：制定汇报计分卡	56
2.8	步骤 6：融入管理流程	60
2.9	步骤 7：从经验中学习	61

3 平衡计分卡——实施   63

3.1	实施平衡计分卡的组织环境	65
3.2	第一点：如何开始？总是自上而下吗？	65
3.3	第二点：谁应该参加平衡计分卡工作坊？	66
3.4	第三点：何时与何地？	66
3.5	第四点：由谁主持？	67
3.6	第五点：如何维持流程运行？	67
3.7	第六点：奖金评估可以参考战略指标吗？	68
3.8	第七点：是否使用软件支持？	69
3.9	维护参数的成本	69
3.10	建立结果管理	71

4 平衡计分卡能助成功吗？   73

5 平衡计分卡核对清单   77

推荐网站 / 文献参考   83

1

平衡计分卡——导引

长期任职于悦生活协会的总经理即将退休。可以理解的是,她希望自己的"孩子"——这家大型公益机构,能有一个光明的未来!

这时她遇到了平衡计分卡。本章将介绍平衡计分卡这个管理工具的作用、优势以及成功使用它的先决条件。

1.1 悦生活协会介绍

大家好,我叫碧姬·休曼(Brigitte Heumann),是德国卡尔斯鲁厄市(Karlsruhe)悦生活协会的董事总经理。我们是一个公益福利机构,注册会员达1 200人。作为一家公益福利机构,协会的服务一方面是为儿童提供托管服务,另一方面是为老年人提供价格合理的照料及养老住所。

1.1.1 协会的基本定位

悦生活协会并不特殊,在德国有成百上千类似的组织,然而,只有少数几家的规模能和我们相比。

- 每天有420名工作人员照管超过6 000名儿童。
- 大约2 500名老年人在83家养老院度过他们生命的最后几年。这些老人由900名员工照顾,其中一些人甚至需要全天候或半日制的护理。
- 除了1 320名"运营"员工外,协会还有42名行政管理人员。

身为公益组织我们不应有利润。协会收入的90%是由国家或医疗保险机构设置规定好的,我们几乎没有回旋的余地。即使如此,我们一直能够设法平衡年度财务结果,还不断增加少许的储备金以计入法定允许的资本准备金中。

但是,协会中的两个主要部门对财务结果的贡献是不同的。养老院通常每年都有盈余,但儿童和青少年照管服务部门却普遍存在轻微赤字。

以下是悦生活协会2015年的财务结果(表1-1)。

表1-1 悦生活协会2015年财务结果

项目	儿童	老年人	行政管理	总计
床位(张)	6 000	2 500	—	—
利用率(%)	95	97	—	—
雇员(人)	420	900	42	1 362
投资(千欧元/年)	360	1 660	—	2 020
薪资/社保(千欧元/年)	10 500	19 800	1 680	31 980
材料成本(千欧元/年)	5 000	41 500	2 500	9 000

续表

项目	儿童	老年人	行政管理	总计
总支出（千欧元/年）	15 860	62 960	4 180	83 000
收入（千欧元/年）	15 730	67 510	—	83 240
现金流*（千欧元/年）	-130	4 550	-4 180	240

*现金流＝收支盈余或亏损

1.1.2 未来路在何方？

这种收支不平衡还不是我们真正面临的挑战。在过去的几年中，非官方福利领域迅速发展变化，旧的结构正在瓦解，行业出现了竞争，如：私人福利机构、工人福利协会以及联合福利协会等。我们必须确保自己不会陷入困境。公益组织也不再具有破产免疫力了！

此外，我已年近60岁，很快就要退休。

我在思考：

- 我们想往何处去？
- 我们想成就什么？
- 我们有什么优势？
- 我们在哪方面需要进一步改进？
- 我们在哪方面面临威胁？

简而言之，我们需要一个战略。我充分地意识到，无论"动员口号"还是"一整套解决方案"，都无法做到这些。我想要的还不止这些，我希望在组织文化中实现可持续的改变，因为我深信只有这样悦生活协会才能拥有真正的竞争优势。

于是，在与管理层高管同事们协商后，我决定尝试引入平衡计分卡管理法，它是由悦生活协会执行委员会名誉委员、马维茨有限公司的顾问委员会主席克劳斯·马维茨先生（Klaus Marwitz）向我推荐的。

从最佳实践中学习

几年前克劳斯·马维茨先生面临着为他的公司（一家中型气相色谱仪制造商）制定战略的任务。三年前他的弟弟托马斯去世，他作为唯一的董事总经理，不得不在70岁高龄接管公司。他接管后公司情况并没有好转，直到一位经验丰富的销售人员最终表示愿意出任总经理,这位"新人"以极大的热情和干劲将公司带上了未来发展之路。在此过程中,平衡计分卡管理法给予他很大的帮助。如今公司再次立足于坚实的根基上。

我之所以告诉大家这些,是因为我已经了解并欣赏平衡计分卡,它是发现未来之路的好工具。或许这对你也有帮助!

1.2 什么是平衡计分卡

概念

平衡计分卡是一种通用的战略落地工具,用来适配一个群体(如:组织、公司、业务部门、项目小组)的行动,使其始终与集体目标保持一致。

1.2.1 简介

平衡计分卡最早出现于20世纪90年代初,是一个将战略转化为行动的翻译器。

1992年,两位美国人——罗伯特·S. 卡普兰(Robert S. Kaplan)和大卫·P. 诺顿(David P. Norton)提出一种"将战略转化为行动"的方法论。他们的方法很简单:使战略变得实用,人们必须能理解它们;并能将它们转化为具体的行动方案。

 仅将注意力集中在营业额、利润和资本增值等财务数字上是不够的。这些数字只能显示过去是否成功,但并不能说明企业是否为将来的成功做好了战略准备。重要的战略准备包括:

- 规划一个可行的未来设想(愿景);
- 建立紧密的客户联系;
- 帮助积极敬业的员工不断学习和发展;
- 有效整合内部业务流程;
- 促进良好的投资人关系以保障资金链的稳定。

◎ 管理者们还必须聚焦几个财务参数,将重要的与不重要的区分开来。不妨向体育界学习,将所有的得分都展示在一块显示屏上(如体育场)或一张计分卡上(如高尔夫球)。以这种方式管理者们就能一目了然地看到企业的经营进展到哪里了、哪些任务已经完成,还有什么是要做的。

从此,"计分卡"的概念诞生了。

此外,一个公司不可能仅凭一己之力完成战略实施,而不借助其他相关利益群体的支持(如客户、员工、供应商、流程负责人、投资方等),这些利益相关方对公司的看法(卡普兰和诺顿称之为"视角")应该以平衡的方式显示在计分卡上,由此产生了"平衡计分卡"(图1-1)。

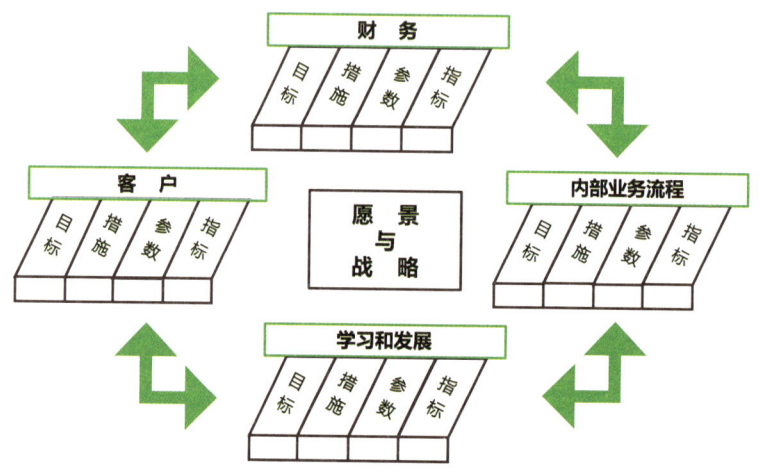

图1-1 卡普兰和诺顿的平衡计分卡*

举例

到目前为止,悦生活协会把全部注意力仅仅集中在盈利能力和成本支出上,但盈利能力并不是孤立的。例如,对集中供餐中心系统引入投资,通常可以降低公司运营的总成本,却也在一定程度上降低了客户满意度,导致员工的工作量增加和服务质量下降,进而威胁到悦生活协会的良好形象,公司的发展随之受到影响,还会引发执行委员会的不满。

---

* 罗伯特·S.卡普兰,大卫·P.诺顿,2004.战略中心型组织,周大勇,等,译.北京:人民邮电出版社:87.

1.2.2 平衡计分卡的实际应用

（1）共同点

多年来，平衡计分卡在实际应用中有各种表现形式，不同的形式之间有很大差异，但也有以下共同点。

1）制定从"愿景"推导出的战略核心目标。

2）制定子目标，使战略核心目标更具体、更易实现。

- 子目标来源于战略方针（又称"战略主题"或"关键成功因素"）。
- 子目标还要匹配各利益相关方对公司的期望（在平衡计分卡的术语里被称为共同开发的潜力的"视角"或"潜力开发领域"）。公司的利益相关方包括：
  - 客户；
  - 流程负责人（内部流程的视角）；
  - 员工（学习/发展、创新的视角）；
  - 投资人（财务操纵的视角）；
  - 合作伙伴/竞争对手（供应商、合作对象、企业集团、政府部门等）。

3）制定指标，用来衡量核心目标和相关子目标。

4）推导出用于实现子目标的行动。

5）制定指标，用来衡量这些行动。

6）组织战略实施工作（项目及行动计划）。

7）将衡量指标整合到财务控制过程中（目标管理）。

（2）不同点

平衡计分卡的不同应用方式主要体现在以下三方面。

1）如何将平衡计分卡与公司战略相连接？

"平衡计分卡"常常被等同于"绩效指标"系统。在实际应用中，尤其是当出现"软件解决方案"时，这种观念使得平衡计分卡成为单纯的各种财务参数的汇总。这与卡普兰和诺顿最初提出的概念相悖，他们认为："平衡计分卡不应仅是将财务和非财务参数集合在三到四个维度里，出色的平衡计分卡应反映一个组织的战略。*

然而，必须先有战略，才能用平衡计分卡反映战略！遗憾的是，很多公司为战略制定出"一堆"目标，却不考虑目标间彼此是否匹配，也不考虑由谁、何时、用多少时间和资金将这些目标转化为行动，更不考虑这些目标的实现者是否看到并理解了目标和日常工作的关联性。

> 马克·吐温曾说："不知道自己想去哪儿的人，抵达别的地方也不应感到意外！"

平衡计分卡如果不是建立在商业理念（价值观、愿景、使命、核心优势）和可行的商业模式上，就不会起到导向的作用。为避免这种情况，在制定平衡计分卡之前或过程中应进行战略构想和阐述。考虑到时间投入因素，建议事先进行战略构想；考虑到战略的形象化呈现，就有必要在过程中将平衡计分卡和战略阐述用可视化的形式关联起来。我们将在下一章讨论这个问题。

2）如何让员工参与到战略的制定和实施过程中？

"将战略转化为行动"是平衡计分卡的任务。显然，这项任务取决于有关人员是如何被融入战略流程中的。正是在这一点上，不同的应用方式带来的员工参与度有明显的差异。

融入的方式从一个极端——战略是由"老板"或少数高层管理者全权负责制定的并被严格遵守，到另一个极端——公司就个人目标和共同目标展开公开的对话，讨论如何制定出被所有相关方都支持的战略。

在一端，是层级化的管理环境，日久天长，会被简化为规划和监控的工具。目标是被"设定"的，最多给予一些解释。平衡计分卡仅用于设定指标和制定行动方案，并交给员工实施和执行。

而在另一端，是一个围绕共同目标开放的组织结构，平衡计分卡为这种开放的组织结构提供框架。所有高层管理者和员工都被鼓励参与到战略的制定和实施中来。战略过程保持开放，因为目标总是"正在测试中"，所有参与者都愿意从

---

* 罗伯特·S.卡普兰，大卫·P.诺顿,2004.战略中心型组织,周大勇,等,译.北京:人民邮电出版社: 95.

错误中学习。在这个动态的环境下，平衡计分卡成为管理和发展"学习型组织"的一个"学习系统"。

3）如何将平衡计分卡融入公司工作和汇报体系？

平衡计分卡常常被看成是指标参数体系，用来补充现有的报表体系，却不被看作是管理的核心报告工具。

卡普兰和诺顿根据他们的经验提出一个值得注意的事实：那些将平衡计分卡作为管理体系的公司，确实表现得更加成功，因为他们的管理体系非常聚焦。我们对平衡计分卡作为"以量化目标为基础的战略管理工具"了解越多，它就越能帮助我们有效地规划客户、员工及合作伙伴的日常活动。

由此，出现了一系列受到高度重视的、用平衡计分卡"计算"未来的"解决方案"。这些"解决方案"将行动的衡量指标，与"关键"成功因素，以及战略核心目标三者之间建立了算式关系。这会导致实施过程中产生以下 3 种危险的错觉。

- 容易忽略一个事实：每次计算都是基于假设，继而忘记检验这些假设的合理性和一致性。
- 容易从线性关系的数学模型出发，继而无法充分捕捉组织内部的复杂性或时空上的延迟。
- 容易被计算机计算结果在表面上的精确和客观所迷惑，继而忽略数据源头已缺少的精确性和客观性。

然而，人们倾向于将主观责任隐藏在"客观计算"背后，我们面对一系列盲点，其后果往往是灾难性的。因此，我们不应接受这种自欺欺人的现状。

1.3 卡普兰和诺顿的方法

卡普兰和诺顿的平衡计分卡是在一个递阶框架下开发形成的。组织的使命、核心价值观、愿景和战略构成了行动出发点。战略描述组织的策略，平衡计分卡详细说明如何实施。个人根据在组织中的角色制定个人目标且个人目标从属于组织的目标。

在所有利益相关方中，投资人（股东）是关注的焦点。资本增值是最重要的目标，所以，财务视角是递阶结构平衡计分卡的最高层次。

接下来是客户视角,它关注的是组织提供给市场的价值主张。

再下一层是关注组织价值链的内部流程视角,价值链包含所有活动,从制造满足客户需求的产品的活动,到实现企业的增长和盈利的活动。

最后,作为所有视角基础的学习和发展视角,定义了将企业行为和客户关系提升到更高层次所需要的非物质价值(图1-2)。

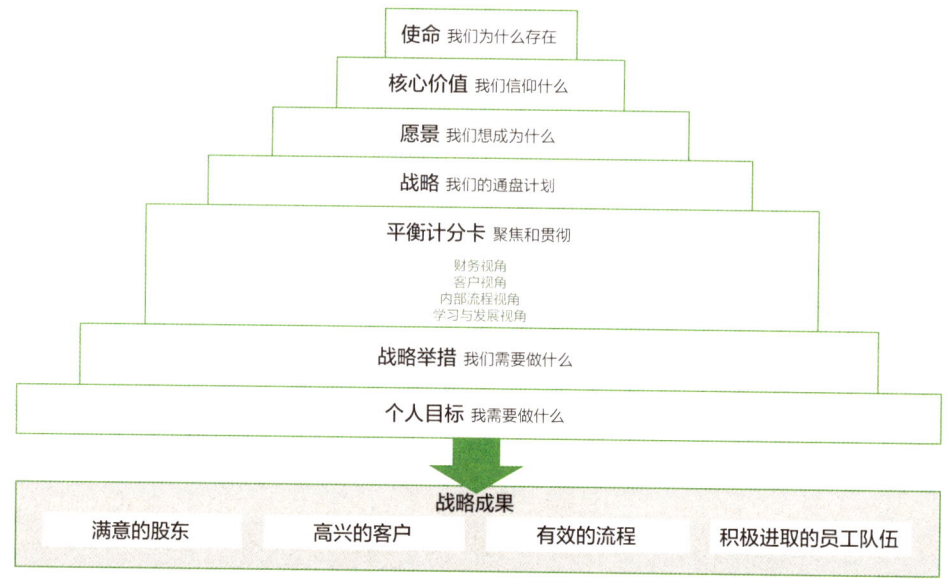

图 1-2 卡普兰和诺顿"金字塔"——将战略转化为希望的结果*

尽管如此,卡普兰和诺顿着重强调了一个事实:每家公司都应该开发自己的平衡计分卡,而以上4个方面并非一定要被考虑到。重要的是相关利益方的视角,这些视角必须根据每个企业或组织的个案具体设计。

1.3.1 卡普兰和诺顿的平衡计分卡的构建过程

◎ 第一步,用"战略地图"来描述战略构想。在这个过程中,组织的目标被放置在一个由战略主题和视角组成的"网格"中(图1-3)。各种各样的目标随后采用所谓的"因果链"连接在一起。

因果链旨在显示整个公司战略的沟通渠道。然而,它们传达了一个过度简化的线性关系的假象,不容易使人理解。虽然这使得该图表乍一看很容易懂,但却

---

* 罗伯特·S.卡普兰, 大卫·P.诺顿, 2004. 战略中心型组织, 周大勇, 等, 译. 北京:人民邮电出版社: 83.

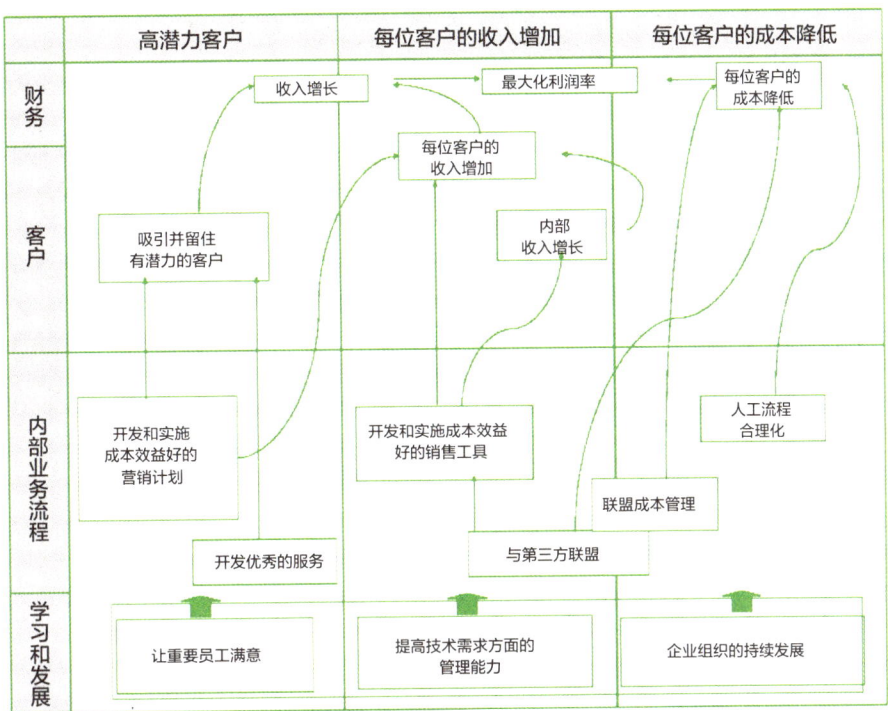

图 1-3 卡普兰和诺顿的战略地图 *

不利于战略思考。

◎ 第二步，将"战略地图"中的目标换成平衡计分卡的结构。在此过程中，因果链和战略主题的分配没有被进一步追踪。对每个目标都设定了衡量参数、实现的目标值以及相关措施。

◎ 第三步，衍生项目或行动计划。在这个过程中，项目大多与公司的职能领域有关。

这种财务导向的结构并不适用于非营利组织，这就是为什么卡普兰和诺顿把使命放在平衡计分卡的最顶层。但其他方法都是相同的，个人目标从属与组织目标这一点保持不变。

1.3.2 战略中心型组织的建立

卡普兰和诺顿没有孤立地开发平衡计分卡。作为一个管理系统，它被嵌入到一个全面的"战略中心型组织"概念框架中（图 1-4，图 1-5）。

* 罗伯特·S.卡普兰，大卫·P.诺顿，2004.战略中心型组织.周大勇，等，译.北京：人民邮电出版社：119.

		目标	措施	参数	指标
财务		收入增长			
		最大化利润率			
		成本			
		……			
客户		销售			
		交叉销售			
		迁移			
		……			
内部业务流程		可靠性			
		联盟			
		市场营销			
		……			
学习和发展		重要员工			
		继任			
		文化			
		……			

项目
责任：
项目持续时间：
资源：
期望效用：
目的：

图 1-4 从项目整合到平衡计分卡

图 1-5 战略中心型组织原则*

* 罗伯特·S.卡普兰，大卫·P.诺顿,2004.战略中心型组织,周大勇,等,译.北京：人民邮电出版社：22.

1.4 非达和施密特的欧式平衡计分卡方法

非达和施密特进一步发展了这一方法论。他们的方法中，具有目标和潜力（机会和能力）的人是主要关注点。由此产生一系列需要适配的"平衡"，这些"平衡"是通过主张"可衡量的目标型管理"和建立一套逻辑连贯的衡量指标实现的（图 1-6）。

○ 潜力必须匹配所追求的改变及目标。

○ 改变常常会引起恐慌。一个人通常知道他拥有什么却不确定将得到什么，所以，如果参与者能看到这些改变与他们追求的核心价值相关联，且他们的身份认同不受到质疑，那么改变就更容易实现。

○ 共同的价值观给我们的目标赋予意义。由于实现目标需要让其他人与我们"同舟共济"，那么这个目标必须对其他人也有意义。管理者必须平衡管理者的利益和其他人的利益。

○ 在整个变革期间，利益相关各方的视角都必须适配共同制定的目标。为此，一组 4～5 个的财务参数会很有用，只要它们对所有参与者是"说得通"的，即：

· 这些参数能清晰地表明参与者们是否在正确的实现目标的轨道上，以及还要走多远才能实现目标。

· 这些参数是可被直接参与者影响的。

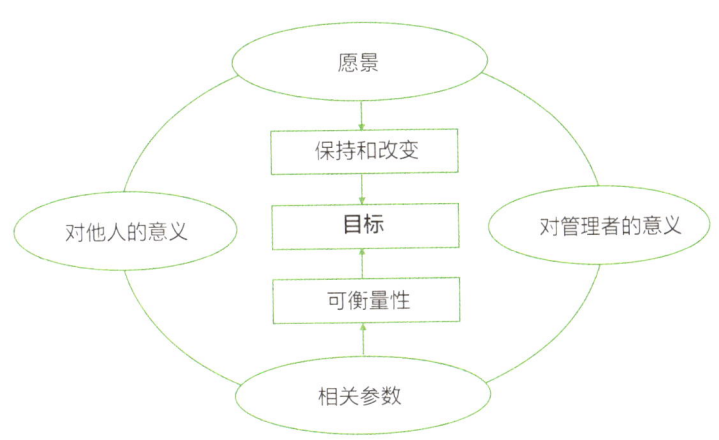

图 1-6 非达和施密特：可衡量目标型管理

- 这些参数可以给参与者们的日常工作带来实际意义。

因此，这一切都关乎如何进行有效的"基于衡量目标的战略管理"和建立逻辑连贯的衡量参数，关乎如何整合不同利益相关方的利益视角。

1.4.1 找到共同目标

对战略的探索从思考以下问题开始。

- 我们希望保持什么？改变什么？
- 我们在多大程度上与公司达成一致认同？（这份工作是我们自身发展的一部分，还只是达到目的的一种手段？在这里工作能使我们自豪吗？）
- 为保持或者进一步发展这种认同，我们（作为一个群体）想要共同坚持哪些价值观？
- 谁来制定公司的目标，其他人如何参与到对这些目标的探索中来？

了解了战略的来龙去脉并保证财务稳定更像是生存的根本，而不是目标。要想实现战略，首先要有能力资助战略。如果需要为此引入投资者，那么他们就有权利期望其投入的资金能获得适当的回报。

然而，战略的目的是保持增长、发展以及盈利三者之间的平衡，同时为个体自身的发展创造空间。所以，非达和施密特认为平衡计分卡不需要层级结构，个体的目标不是必须服从高层次的目标。参与者们根据个体目标的特点构建平衡计分卡的网状结构，并通过多方合作将其转化为实际的行动。

营利组织和非营利组织的平衡计分卡之间没有方法上的区别。

1.4.2 欧式平衡计分卡的制定过程

非达和施密特的战略制定过程从讨论个人目标和价值观开始，深深扎根于其中的将是共同战略的构思、制定、实施和兑现（图1-7）。

（1）战略构思

1）商业理念

- 什么塑造了我们的企业？我们因什么而自豪？（我们的价值观）
- 什么是我们的初心和追求？（愿景）
- 我们为谁而工作？（使命）

① 平衡计分卡——导引

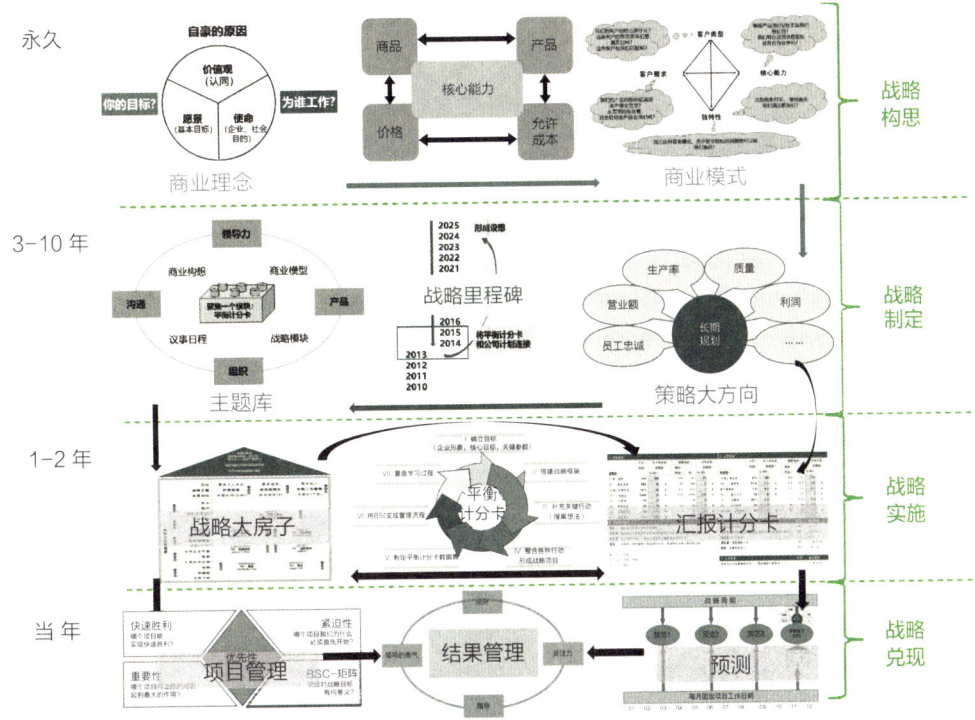

图1-7 战略的构思、制定、实施和兑现过程

2）核心能力

- 我们能提供什么样的可市场化的产品或服务？

3）商业模式（我们如何才能赚到足够的钱来支持我们的战略）

- 对客户来说，什么是我们最重要的独一无二性？
- 我们在哪些方面能做得特别好？这些核心竞争力是否塑造了我们的独一无二性？
- 我们客户的核心需求是什么？是否与我们的核心竞争力相吻合？
- 谁是我们的客户？他们的特点是什么？客户和我们相互匹配吗？
- 哪些市场和利润潜力与我们的独一无二性相关？

（2）战略制定

- 长期目标（5～10年战略规划）
- 战略里程碑（为实现长期目标而做的规划决策）

◎ 主题库（制定和领导力、产品、组织以及沟通相关的关键工作主题，并放入主题库）

（3）战略实施

战略实施方案是围绕着平衡计分卡制定的（细节将在下一章给出）。为了考虑不同参与者对平衡计分卡的使用意图，平衡计分卡被开发和设计成既相互关联又可独立操作的两个部分。

◎ 管理计分卡，它服务于组织战略实施时的具体行动，被称为"战略大房子"。

◎ 汇报计分卡，它服务于管理战略实施时的目标衡量，同时将战略管理与经营管理联系起来。

（4）战略兑现

战略兑现关注的是"结果管理"，主要体现在以下两方面。

◎ 针对"战略大房子"中产出的项目进行有效的进程管理。

◎ 针对整体目标的实现率进行定期前瞻性的预览，并提出相应的应对措施，必要时调整战略。

平衡计分卡必须简单易懂，便于实施，但这还不够，如果想将平衡计分卡在日常工作中用起来，需要参与者们有担当的意识，保证做出的决定被贯彻到底。

在 2014 年（德国）出版的《平衡计分卡——说到做到言行一致》(*Balanced Scorecard - Simply Consequence*)一书中，非达和施密特进一步描述了战略管理的其他要点。

1.5 平衡计分卡的7条原则

制定和实施平衡计分卡过程中应考虑以下 7 项原则。

（1）始终如一的面向战略问题（而非经营问题）

运用平衡计分卡将战略转化为实际行动时，有必要首先理解经营性行动和战略性行动的区别。

我们经常把经营类行动等同于短期行动,把战略类行动等同于长期行动,这是一个谬论。经营性和战略性不是时间问题,而是对待潜力的方式不同[根据 A. 盖尔维勒(A. Gälweiler)提出的概念](图1-8)。

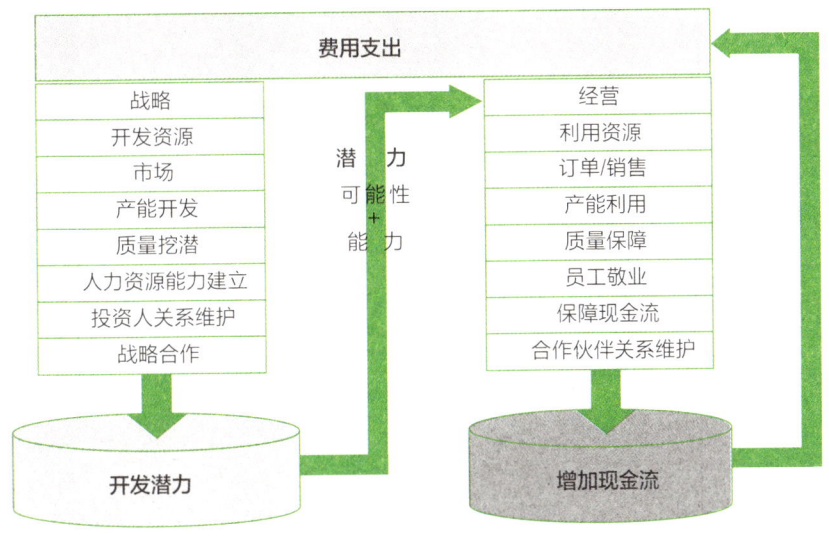

图1-8 开发潜力和运用潜力

 "战略性"意味着开发新的潜力(可能性和能力),这可能会给未来带来资金的流入,而此时实现的"只是"潜力的流入,还没有现金的流入。

 "经营性"意味着对潜力的利用。从这一过程中产生了切实的成果,并在大多数情况下带来现金流,希望收到的资金足以支付经营和战略费用。

注意:

只有当所获得数据与潜力流入无关时,才能以营业额、利润和资本增值之类的财务参数来衡量战略目标。

 举例

以产品更新率(新产品的销售额占总销售额的比例)为例,在研发领域它被用作战略目标的衡量标准。2015年的更新率表明了什么?

假设新产品开发周期为3年,在这种情况下,2015年的更新率只能表明,在2012年选择的研究课题在多大程度上是正确的,它却无法证明

> 2015年的产品战略是否正确，这部分战略只会反映在2018年的更新率中。
>
> 只要意识到这种延迟情况，更新率就是一个有用的衡量参数。也就是说，要衡量2015年战略研发工作是否成功，利用更新率这个参数就不合适。我们可以利用解决的课题数量和这些课题可能的销售潜力作为衡量参数。
>
> 假如从过去的经验得知，平均完成十个课题才有一个课题会转化成功，那么以课题数量作为衡量参数将是一个重要的导向。

（2）开诚布公的战略对话

要实现开诚布公地对话不容易。过去人们自然而然地认为战略问题最好在董事会上讨论，而不是与员工讨论。然而，一旦员工（无论高管还是"普通"员工）的参与度及创造力成为核心竞争要素的时候，情形就改变了。在这种情况下，少数高层管理人员，无论他们多资深，都不能简单地为其他人指定目标，因为他们担心这样会失去员工的创造力。

因此，无论感受好坏，管理者必须参与到公开的战略目标讨论中来，更重要的是，管理者需要接受这样一个事实：必须将战略思考所基于的假设或场景"摆在桌面上"。毕竟，管理者不知道未来会怎样，也不知道哪些能力会在未来走向成功。虽然根据多年的经验，管理者可以做出最合理的假设，并"确信"它会发生，但假设终究是假设，因此，只有让员工了解这些假设，他们才会全面理解战略。

不仅如此，如果参与者希望达成一个共同的战略，必须允许别人质疑战略构思中的假设和场景。这需要勇气、耐心和自信，也只有这样才能推动企业前进。参与者不仅交换"意见"，还要展开真正的对话。讨论最多只会带来妥协，而妥协通常只能在最小的范围内达成一致。对话能使所有参与者有机会看到新的视角并达成新的共识，新的共识会远远大于每个个体最初的思路。

在此基础上，如果参与者还有勇气公开讨论个人抱负、困难、恐惧和抗拒，大家就能够建立信任，而信任或许是变革最重要的基础。

千万不要忘记：

改变从自身开始。管理者常常敦促他人，却将自己凌驾于流程之上，倘若管理者自己都不努力去改变，又怎么能指望别人改变呢？

愿意对话也会有利于宽容错误——这是获得学习能力的一个重要先决条件。这并不是说我们应该忽视或者低估错误，而是可以从中获得以下几方面经验。

◎ 让我们把犯错看作是伴随发展而来的正常现象，并且能从中学习。

◎ 让我们意识到：假设总是会有缺陷和不完整性的（我们无法"计划"一些意想不到的事情，例如2008年雷曼兄弟公司的倒闭）。

◎ 让我们创造一种安全的氛围，参与者们可以及早指出错误，而不是一味地相互指责。

◎ 让我们不忽视或掩盖错误，而是学会避免重复犯错，只有这种"失败的培训成本"才值得。

注意：

宝丽来相机的发明者艾迪·兰德(Ed Land)将"错误"的含义解释为："错误就是一个事件，它的主要好处尚未变成你的优势。"

（3）以身作则的承担责任

战略的制定及实施取决于公司组织结构是等级性的还是开放性的，取决于人与人之间相处的方式。这对平衡计分卡的制定也有影响。

◎ 等级结构靠的是指示（命令）、执行（服从）和监管他人（靠关系）；开放结构则靠协商（自发）、服务（合作）和自我控制（靠结果）。

◎ 在等级结构中，战略目标由管理层制定，然后向下"分配"并由下属执行；在开放结构中，大家拥有共同的目标和价值观带来凝聚力，使得个人能主动承担在团队中制定和实施目标的责任。

◎ 在等级结构中，平衡计分卡也会具有类似层级的特征（高管负责目标设定、自上而下分配目标、措施和衡量参数以及管控报告）；而在开放结构中工作的人对上述方法却无从下手，他们需要另一种平衡计分卡来帮助他们做好可衡量目标型的协同管理。

开放结构并不意味着没有秩序和责任。

◎ 在开放结构中，高层管理者被视为服务人员，为团队合作做好安排和协调。他们要为"他们的伙伴"撑起一片自主工作的空间。

◎ 管理部门和行政部门被视为员工的支持服务单位，而不是管制单位。在这个过程中，真正的服务是被欢迎的，而不是通过"行政指令"强制被接受的。

◎ 即使在开放结构中，执行董事们还是要做决定的——这与被误解的"民主"无关，但他们应尽力让决定保持透明，以便其他员工能够全面理解。

无论如何，"纯理论"并不适用于此。在现实生活中，很少会遇到"要么是等级结构，要么是开放结构"的情况。每个行业的环境千差万别，有关采用开放结构的经验仍少之又少，所以我们提这个问题的目的仅在于：我们必须决定如何才能获得最大的竞争优势。

在我们做出决定之后，制定平衡计分卡可以帮助我们在通向开放结构的漫长而艰难的旅程中迈出第一步。

（4）协调统一的多方参与

在这里"协同"有以下3层含义。

◎ 一方面，协同意味着说大白话，即人人都能听懂的交流用语，而这种交流用语，不都是财务管理用语。我们必须用简单的词语来描述战略，这样每位参与者就可以在其日常工作中推断出哪些人做出的贡献是有意义的。只有简单易懂才能有效协同。

◎ 另一方面，协同意味着以人的行动为中心。为了防止进入各自为政的混乱状态，参与者们需要通过目标来促进合作，通过参数使行动更具体且其结果更可衡量。

非达和施密特把这种方法称为"OAR"[目标（Objective）-行动（Action）-参数（Ratio）]（图1-9）。

OAR并不仅仅适用于定义行动，它也适用于定义战略大房子内的其他目标，如战略主题、潜力开发领域（即视角）和战略项目等。这个方法强迫人们把目标和可衡量的参数结合起来，这样参与者必须准确地说出想采取什么行动，以及想

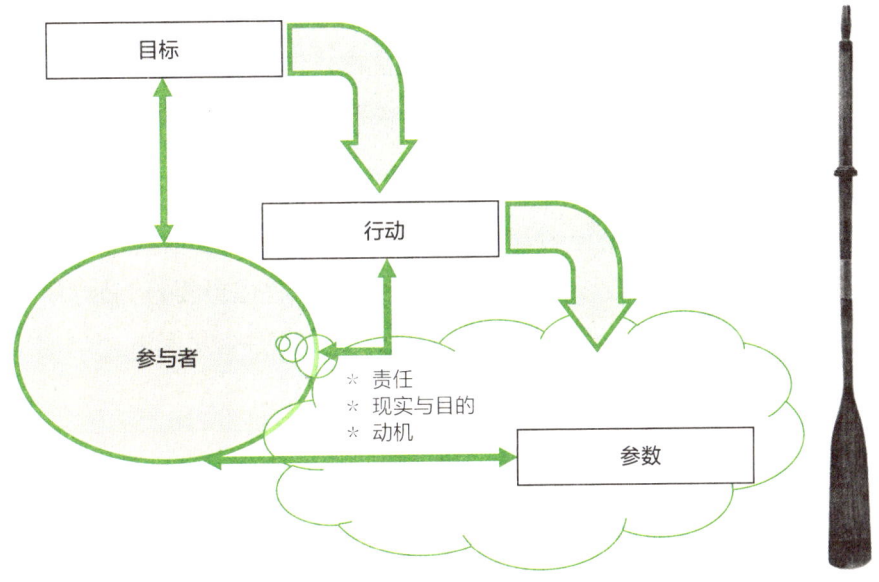

图 1-9　可衡量目标型管理——OAR*

用什么来衡量自己的行动。

　　○ 最后，协同意味着目标的落地性。我们不应该去做我们不想或不能做的事。

（5）化繁为简的结构整合

　　想让众多人参与需要简单的交流用语，同样，平衡计分卡的结构也必须能以简单的方式完成。只有少数专家才能理解的复杂模型在实际工作中毫无用处。员工必须明白正在处理哪些问题；必须能够处理分配给他们的任务；必须看到他们的行为对自己和他人的重要性。虽然"简单"可能会被联想成简化，但理解部分总比误解全部好。

（6）清晰透明的参数体系

　　战略大房子（即管理计分卡）的作用是为了清晰透明地组织好具体战略工作。这不是一项容易的任务，因为在评估潜力（即战略工作的结果）上管理者都没有多少经验。

---

*OAR 在英语中也有"船桨"的意思，船有了船桨才能改变方向更快驶向目标，公司也是如此。

汇报平衡计分卡的作用是促进战略性和经营性业务之间的相互作用。战略性业务负责开发潜力，以此来支持经营性业务的增长和发展；经营性业务负责吸纳资金，以此来为战略性业务提供经费。这要求不同业务负责人的职责透明化。

（7）专心致志的聚焦重点

聚焦是把注意力集中在一件事上的艺术。聚焦关注重点问题意味着忽略或推迟那些不那么重要的问题。这当中的挑战不是确定哪些是重要的，而是确定什么是可以忽略的。这需要果断敢行！我们将在之后的章节中继续阐述。

小结

平衡计分卡能帮助我们制定切实可行的战略，并将它与每个人都能理解的目标联系起来。只有这样，我们才能一起具体说明我们想做什么，从而实现目标。要做到这点必须化繁为简。

平衡计分卡使战略性和经营性业务彼此关照。可持续性成功所需要的潜力在战略性业务中得到开发。在经营性业务中，企业必须有效利用战略开发出来的潜能赢得回报，从而资助战略。

平衡计分卡能将企业的规划实施落地。这是因为战略已不再是纸上谈兵，而是成为行动的组成部分：基于可衡量的目标进行管理不仅为了经营目的，也用于潜力开发。要做到这点，我们必须果断敢行。

实践证明，平衡计分卡不仅适用于像马维茨有限公司（Marwitz GmbH）这样的工业企业，也适用于慈善协会或其他类型的组织。

2 平衡计分卡——制定

本章将会介绍悦生活协会如何找到自己的战略方向,以及如何使用平衡计分卡把战略转化为行动。介绍中将解释企业核心形象和核心目标的意义,战略矩阵和战略项目的概念,以及通过"战略大房子"和"汇报计分卡"能满足哪些目的。

2.1 搭建框架：我们的战略

是时候开始制定我们的平衡计分卡了。

在一个阳光明媚的周四上午，我们聚集在位于巴登的一座安静、可爱的小城堡里，希望能在 3 天内共同构建出战略，为下一步制定平衡计分卡做准备。

与会者包括四位管理委员会成员、两位部门领导（分别负责儿童青少年援助中心及养老院）、两位隶属于上述两个部门的机构主管、三位较年轻的基层员工、工会主席以及协会董事会代表克劳斯·马维茨先生。此外，我们还邀请了一位家长代表、一位养老院顾问委员会委员和一位活跃的 67 岁老妇人——我们也希望兼顾他们的"视角"。这 16 人组成了我们的战略制定小组。为确保会议顺利进行，我们请到两位顾问兼引导师来主持工作坊。

2.1.1 出人意料的开始

工作坊开场便出其不意。我们没有从数据分析和基本战略理论开始，而是首先要求每位参与者说出他们的兴趣爱好、除了职业和家庭之外他/她还参加的业余活动，以及他/她在未来 10 年最想要实现的两个愿望。

在此之前我们几乎不谈论这些话题，但当我们得到答案时，我们都很惊讶。大家虽然一起工作了这么多年，但我们对彼此的了解太少了。我们在一起更多的是并肩工作而不是互相合作。

2.1.2 以个人自我介绍开始的好处

作为悦生活协会的总经理，在那一个小时里，同事们不仅让我学到了很多，我也对他们每个人有了深入的了解。我看到每个人的兴趣有多广泛，看到人际关系中一系列新的联结点正在出现！直到今天我们仍能感觉到那一小时里释放出的能量。它给管理团队带来了从未有过的"我们"的感觉。大家彼此交流的方式变得完全不同，这对协会的工作产生了非常积极的影响。

随着时间的推移，我还注意到这些关于个人兴趣爱好、事业追求和生活梦想的讨论已经影响到企业的平衡计分卡的调性以及后期落地的有效性，起初是无意识的，但后来表现为一种持续的影响。在某种意义上，个体利益和目标决定了团体的战略，只有这样的战略才是真正的"我们的战略"。

当然，整个过程并非一帆风顺。个别成员从来没想过 10 年后什么最重要或让他们感兴趣，也不是每个人都愿意谈论自己的愿望和抱负。然而，出乎意料的是，他们中绝大多数人都能开放和自然地面对这些"私人"问题。这样的开始对这群人的思想交流起了很好的"破冰"作用。

2.1.3 战略视野

接下来两位引导师提的问题是：什么塑造了悦生活协会，它因什么而特殊？这个讨论很有必要。这个问题令我茫然：我必须承认，无论是我、我的"指定继任者"——管理层里最亲密的合作伙伴——财务总监约亨·比拉斯（Jochen Bierath）、新任人力资源经理乔安娜·施兰兹（Johanna Schranz）还是非常年轻的采购部负责人延斯·哈瑞格（Jens Harig），都不能说清楚什么是悦生活协会的未来大方向。

当然，所有成员都有自己的想法，但不外乎都是一些"标题"或"直觉"。我们甚至没有表达过这些想法，无论在与会者之间还是和管理团队的其他成员之间，更不用说在一群员工面前表达。这些想法已经淹没在"日常工作"中了。

这类问题和战略视野有关，就像企业常常会以短期或长期来区分"战略性"和"经营性"这两个概念，而忽略了这两个概念首先是内容上的区别（即"潜力"和"现金流"—— 译者注）。因此必须先设定企业方向性的目标是什么。

对于较小的公司或组织来说，没有复杂的生存因素，也没有可观的未来支出（如人力资源开发、营销、研发），就不需要太宽远的战略视野。大多数情况下，利用"此时此地"的直接经验，仅凭借简单的假设，简单延续过去的经验就可以描述未来。如果外部条件发生重大变化，因为没有复杂的关联关系需要考虑或重大的前期投入需要支付，所以调整起来也不难。然而，这样的公司也很少会用到平衡计分卡。

不过悦生活协会是另一种情形。这是一个包含若干机构的集团，而且也是合作伙伴网络的一部分；协会有可观的前期投入需要支付，如，投资新楼舍以及用于人力资源开发的支出。因此，像悦生活协会这样的机构要想保障未来，就必须跳出直接经验的框框，看看外面的世界。

举例

对于悦生活协会来说，类似人口的发展、社会福利制度的改善、本地区的经济发展以及兼职岗位的普及等因素，都对企业战略有着重要的影响。

悦生活必须捕捉与协会相关的各种社会变化。

2.1.4 建立并保持"创造性张力"

"我们需要对此进行全面分析。"我插话道。"为什么？"一位引导师问并说道，"如果我们不只是延续过去，而是规划一个值得为之努力的未来，那么，思想上能和过去以及现状完全剥离不是更好吗？我们应该提醒自己：每个人未来想要实现什么，作为一个集体我们共同想要实现什么，我们的企业在这方面扮演什么角色，以及我们的优势在哪里。这就是为什么我们在工作坊一开始就提出这个问题，而不是抽象地谈论'悦生活协会'。一个组织本身是没有目标的，归根到底，组织的目标源自做贡献的个体的目标。"

引导师指出："当然，任何人都可以宣称自己的目标就是组织的目标，他也许还能强力树立起这个目标，但是这样很难能让其他同事长期全力配合并按照他的指挥棒跳舞。

"也不要忘记分析的作用！如果缺乏群体对现实的共同感知，仅凭目标本身是没有用的。只有这样我们才能让整个组织意识到目标与现实之间存在的差距，同时建立集体意愿并采取相应的对策去弥合这一差距。正是因为如此，我们才谈论竞争对手的优点和缺点，从而能看清我们自己的优势和劣势。"

"还有一件事，"他接着说，"要想实现战略目标，必须长期保持变革的决心，同时抵御潜在可能削弱目标的势力。为此，迈小步并制定里程碑的方法会有所帮助，前提是我们始终将关注点放在最初的战略目标上。"

举例

悦生活协会希望开展为第三方的服务业务。为此，必须创造各种先决条件，如培训员工、介绍营销活动等。只有经过一段较长时间的努力才会带来额外销售。如果想激励员工，应该使用前置性参数（比如"外界对一系列营销广告的反馈"）。

"最后我们应该记住，资金必须从经营性业务中挣得，我们将用这些资金来资助战略。因此，我们至少应该大致估算出实施战略的成本，以及我们能否负担得起，否则，我们将会制造挫败感而不是动力。"

2.1.5 我们的战略探索

先在小组然后在全体会议上，我们讨论了当下的形势：社会在变化，家庭关联在断裂，国家必须参与抚养儿童的问题。在我们的地区也应该保证每个孩子都有幼儿园的名额，这是一项艰巨的任务。生命的另一端变化也很大：人们在变老，他们不能也不想在年老和更虚弱时成为家人的负担。无论是托儿所还是养老院，照料的花费都是巨大的，因为人力资源支出的比例在不断增加。

我们很快就这些要点达成共识，但这足以构成一个出色的商业构想吗？

2.1.6 价值观——共同的身份认同

"在悦生活协会工作，人们因什么而感到自豪？"这个问题出现在讨论中。我们从来没有这样问过自己，于是我们分散在各自的小组，带着一些不确定性尝试回答这个问题。一开始冒出的观点是我们以前在企业指导方针中阐明的内容：我们是一个独立的公益组织，为儿童和青少年的福利而工作，同时照顾年老体弱者。这当然在意料之中。

只有代表老年人的梅尔克夫人表示了一些保留意见："这不是问题的关键。我个人决定搬到养老院是因为我不仅希望有一个地方可住，还想让我的老年生活有'尊严'。对我来说'体现尊严'比其他因素更重要，这不仅适用于我们或孩子们，也适用于员工。"

这引发了一场热烈的讨论。许多与会者谈到一开始提及的个人价值观和期望。最后，我们为价值观找到了三组关键词，它们能更好地体现我们对参与一项高尚道德工作的认同感：

- 传递尊严
- 互助协作
- 独立自主

这或许不是全部，但正是这几点塑造了我们。

2.1.7 愿景 —— 我们为什么而努力

这些讨论让梅尔克太太活络起来。当我们谈到愿景（关于为什么而奋斗的问题）时，她开始了有力的发言："我们不应像前几年那样，又开始讨论模糊不具体的愿景，这些愿景对任何公益组织都适用。我有一些具体的建议：比拉斯先生，您刚才谈到所有公益组织面临的日益困难的财政状况。为什么我们不让精力充沛的老人来辅助照看儿童？这毕竟是过去家庭的做法——老人照顾隔代的孩子。与此同时孩子们也给爷爷奶奶们一些事做。在社区里，尊严与责任相辅相成，对老人和孩子都是如此。"

一位幼儿园老师不同意她的观点："您打算把照顾孩子的责任从有经验、受过正规训练的工作人员那里夺走吗？""不是，我可不想走那么远，但是我们这些老人难道不可以给孩子们读读书，协助他们做作业，在厨房里帮帮忙，偶尔哄一下幼儿吗？我知道你们没太多时间对孩子们的各类小需求都面面俱到。此外，孩子们也喜欢承担些小责任，比如和奶奶一起购物，和爷爷一起散步或上网，一起制作小工艺品，等等。"

那将是一种"双赢的局面"，我若有所思。讨论变得活跃起来——这是个漫长的夜晚，直到第二天中午，我们才总结出下面这个关于愿景的阐述。

悦生活协会的愿景

我们是一家独立的公益组织，为儿童和青少年的福利而努力，同时陪伴年老的长者安度晚年。

人的尊严是我们工作的重心。

· 对于儿童和青少年，我们希望能向他们传递社会的基本价值观，让他们接受并在生活中遵循这些原则。

· 对于老年人，我们希望他们能够有尊严，且在很大程度上独立地安度余生。

· 儿童和老人能够像伙伴一样互相扶持，共同为和谐生活而努力。

· 对于员工，我们希望能为每个个体提供发展空间，因为只有自己有尊严的人才能向别人传递尊严。高质量的护理需要有满足感的员工。

之后，我们接着讨论如何将愿景宣言付诸实施。哪些战略挑战是我们必须准备面对的？如何实现"有尊严地参与"？

有一点是明确的：机构有必要在业务流程和实体结构方面重新构建，以便为隔代互帮互助提供空间。如果想以一己之力实现这一目标，有多少内在驱动力能被调动起来呢？

2.1.8 使命——我们为谁而存在

我们已讨论过许多关于社会责任的话题，它应该在变革的过程中给予我们力量。关于协会的使命，大家达成了以下共识。

悦生活协会的使命

通过隔代互帮互助，给予受照看的人以尊严。通过自主管理，业务流程支持和相匹配的工作场所，给予员工尊严和成长的空间。

通过讨论，我们确定了为谁而存在的问题。至此，我们的商业理念的基石——价值观认同、愿景和使命，都已经奠定好了。

2.1.9 我们的核心能力

之后我们讨论了一个问题，这个问题的实际重要性直到很久以后我才真正理解，那就是关于协会的核心优势：是什么能让我们的产品和服务市场化？

◎ 如果不能成为商品，让人愿意购买，那么产品和服务便没有价值。俗话说得好："鱼饵只要鱼喜欢吃就行，渔夫喜不喜欢不重要"。

◎ 我们还要试探一下，哪个价位适合哪个商品。定价的前提是：购买者对商品的"渴望"要比买单付钱的"痛苦"大一些。

◎ 价格还有另一个限制，就是"允许"成本。商品和价格之间的微妙关系必须有利于实现销售（价格×营业额），这样才能充分开发必要的能力和流程，包括履行市场营销和所有财务责任。

我们需要在产品、商品、价格和允许成本之间建立一个平衡关系，单方面的考虑会造成我们对业务和市场的误解（图 2-1）。

我们不习惯以这种方式思考我们的核心能力，更不用说还要讨论允许成本这样的问题了。"我们很棒啊，钱从来不是问题"只适用于"以利润为导向"的公

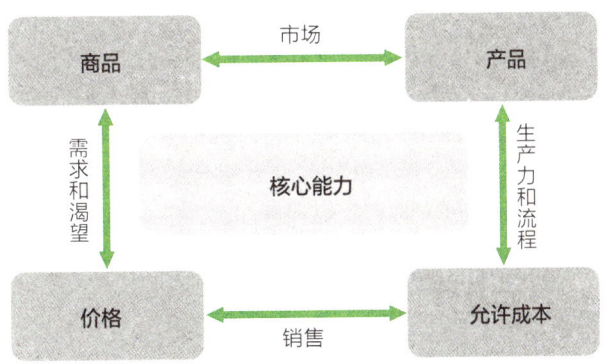

图 2-1 核心能力描述的是商业理念的市场化能力

司，但不适用于我们。

我们的财务总监约亨·比拉斯让我们了解到："不差钱"的世界是不存在的。我们以往只是视而不见罢了，现在是睁开眼的时候了。我们永远要问自己两个问题：我们想过怎样的生活（假设工作是生活的重要部分）？我们用什么钱来支撑这种活法？

回到核心能力这个话题，最终我们找到进入"核心"的第一扇大门——为关怀投入的时间。

这正是我们脱颖而出的原因。现在的问题是如何找到比以往更经济有效的途径来实现这一核心能力。这会在接下来的几年里给我们带来忙不完的事。我们能在提供足够"关怀时间"的同时保证经济效益吗？未来我们能否在社会福利市场上站稳脚跟？这个商业理念能否撑起我们的业务？

2.1.10　悦生活的商业模式

第二天上午我们起草了商业模式。虽然悦生活比一般公司的好处是没有盈利的压力，但是协会还是要收支平衡。理论上我已经和大家介绍了定义商业模式的重要模块（详见"1.2 什么是平衡计分卡"和"1.4 非达和施密特的欧式平衡计分卡方法"）。具体来说我们得出以下几个方面。

◎ 我们的独一无二性：通过隔代人的互帮互助，有尊严地生活。
◎ 我们的核心竞争力：提倡并要求参与和投入，同时赋予尊严，这些都应归功于员工的价值观。
◎ 我们的客户需求：人文关怀，有尊严地度过晚年生活并能参与儿童照料。

◎ 我们的目标客户：3~12岁的儿童/青少年，以及那些在晚年想生活在社区，同时不希望感到被生活抛弃的人。

我们在这个商业模式中看到了足够大的销售和利润潜力：由于政策指导、家庭结构的变化和更高的预期寿命，这个市场已经存在并将继续增长。利用客户之间的互帮互助，我们不仅能赋予尊严，还能降低运营成本。未来我们将在本地区占有特殊的地位，对此我们深信不疑。

2.1.11 "2025战略规划"

工作坊还没完。"如果这是悦生活的核心商业理念，'发展规模'应该是怎样的？"引导师问，"协会董事会的未来设想是什么？"

我之前已经和管理层就公司策略大方向达成如下一致，即：

◎ 保持经济独立。
◎ 靠自己的资源实现适度增长。
◎ 在未来10年内将员工数增加至大约3 000人。
◎ 保持我们的业务内容。

这应该可以当作第一版的"2025战略规划"，更多的我们现在还预想不到。于是我们做了一些头脑风暴，预想一下3 000名员工意味着多少接纳位置和收入。无可否认，这只是一种直觉猜想，但加上同事们的经验，这可以成为一个方向。

◎ 儿童位数：由当前的12 500位升至2025年的13 500位。
◎ 老人位数：由当前的2 500位升至2025年的5 500位。
◎ 收入：由今天的1.8亿欧元升至2025年的2.01亿欧元。

2.1.12 战略里程碑

允许我讲个题外话。根据工作坊的结果，我们在之后的几周里坐在一起，为2025年制定了第一个数字预测，一个初步假设（表2-1）。

这个结果需要再进一步精确起来，并具体到每个里程碑中（2016—2017年、2018—2020年及以后）。尽管所有都是"近似值"，但在我看来，这似乎对我们的后续行动是一个恰当的指导方针。

表 2-1　悦生活协会 2025 年财务预测

项目	儿童	老年人	行政管理	总计
位数	13 500	5 500	—	—
利用率（%）	95	97	—	—
员工（人）	920	2 000	80	3 000
投资（千欧元/年）	800	3 400	—	4 200
薪资/社保（千欧元/年）	25 900	49 800	3 600	79 300
材料成本（千欧元/年）	11 500	100 000	5 000	116 500
总支出（千欧元/年）	38 200	153 200	8 600	200 000
总收入（千欧元/年）	39 200	161 800		201 000
现金流*（千欧元/年）	1 000	8 600	-8 600	1 000

*现金流 = 支盈余或亏损。

2.1.13　主题库和工作焦点

回到工作坊。我们已经有了商业理念、核心能力、商业模式和到 2025 年的长期战略规划。在第一场工作坊结束之前，我们还收集了（在当时看来）未来几年要处理的重要任务，以便将我们的战略转化为行动。为了不跑偏，我们为这个主题库建立了一个框架（我在此选择了几个例子）（表 2-2）。

表 2-2　战略主题库

管理	产品
照料服务的质量 业务领域和部门的"协调一致" 家庭与职业的"和协" 系统性保健	为第三方服务 发展"现代老人"计划 儿童和青少年的社会适应性 楼房改建
沟通	组织
沟通体系 多与他人进行对话而不是谈论他人 公司术语集锦	会员数量增加 完善流程 工作的集中管理与分散管理的对比 效能分析（"减少浪费"）

之后，我们将收集来的主题放在 2015—2025 年的时间轴上，这样就可以一目了然——我们应该什么时候做什么事。

第一次工作坊可以圆满结束了。虽然过去的三天对所有人来说都是"压力山大",但与会者感觉都非常好,因为没人想到会有这么多的讨论。我们现在可以在一个共同的愿景下构建我们的未来,并在 7 周以后的下一次工作坊上着手制定具体的实施计划。

> 在制定战略之前进行战略构思是很有必要的,但这还不是全部,因为要想实施全面而复杂的战略目标,就要把它分解成具体的小目标和具体的行动。这就是平衡计分卡的作用。

2.2 制定平衡计分卡的7个步骤

已经完成了总体框架的搭建,在召开第二次工作坊时候,我们将着手规划战略实施,进而制定"实际的"平衡计分卡。这些将通过以下 7 个步骤完成(图 2-2)。

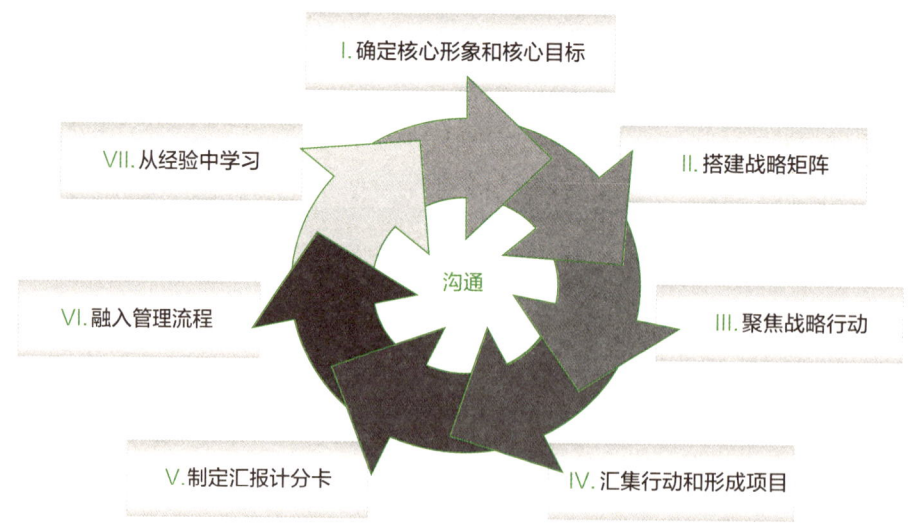

图 2-2 制定平衡计分卡的 7 个步骤

"我们会在接下来的三天与各位讨论,为了一步步实现协会的商业理念,大家目前需要专注在哪些问题上,现在着手开始哪些工作。诚然,大家已经制定了

'2025战略规划'和主题库,但需要从中导出非常具体的、可以立即开始的行动。为此我们需要提前考虑未来18个月的行动,因为我们不可能现在就能看清楚未来什么工作对我们现在的架构而言很重要",引导师是这样开场的,"因此让我们谈谈2015—2016年的任务。"这是一个重要的聚焦方法。时间线越长,目标的约束力就越小,而约束力正是我们的弱点。

2.3 步骤1:确定核心形象和核心目标

如此这般达成了一致,我们开始了第二场工作坊的第一次小组讨论。我们的任务是制定和阐述悦生活协会未来18个月的企业核心形象和核心目标。

在这个过程中,我们既要体现它们和使命愿景(即商业理念)之间的联系,又要体现这两个概念之间的关系。

2.3.1 核心形象——如何看待我们的公司

对外的企业核心形象应该源自组织的使命,并服务于使命。通过企业核心形象我们想表达的是:在未来的18个月,人们看到我们协会就应该产生哪些画面般的联想。

- 什么会促使客户愿意把钱花在我们的服务上?
- 协会的供应商、客户和员工如何衡量我们的服务给他们带来的价值?

只要我们能令人信服地传递出我们能帮助别人获取更大的价值,同时我们可以比竞争对手做得更好,而且我们还能信守承诺,那么我们就达到目的了。

经过几轮讨论,企业的核心形象诞生了。

悦生活协会的企业核心形象

对我们来说照料不仅仅是一份职业:悦生活——有尊严地参与。

所有客户和合作伙伴都应该知道:在这里,人的尊严不仅是一种道德原则,更是活生生的实践。为此,我们鼓励并要求大家积极参与。这首先对协会内部的员工和会员,还有我们的客户都提出了很高的要求,但我们有信心在未来实现它。至少我们已踏上实现这一目标的征途。

我们首先想到更换公司标志，用来宣布新的市场形象。新标志是由一个设计公司设计的，旨在向本地区所有潜在的合作伙伴、客户、供应商、决策者和公众传达我们的信息（图2-3）。

图 2-3　悦生活协会新标志

2.3.2　核心目标——我们想实现什么

对内的核心目标应该源自组织愿景，同时也是去向愿景途中的必经之路。通过核心目标我们想聚焦的是：在接下来的 18 个月，哪些潜力是未来所需要的？如何建立这些潜力？当然，我们必须以一种可理解的方式向所有员工传达这一信息，其实就是回答以下 3 个问题。

- 我们靠什么来维持在市场上的生存？
- 每个个体的追求是什么？
- 什么可以在悦生活协会贯彻下去？

在定义核心目标的时候，我们第一次尝试定义一个（核心）参数，即，我们用什么来衡量成功？有且只能有一个衡量参数，这样我们才能回答"为什么我们是一家企业"这个问题。*

我们花了很长时间在核心目标的制定上，最终的考量是：我们在商业上的成功取决于应如何努力促进隔代的互帮互助。当然这首先需要员工不认为这是对自

---

* 聚焦重点是"平衡计分卡"这一战略工具始终强调的管理要素之一。出于聚焦重点这一原则，组织在未来 18 个月需要一个核心目标，而且这个核心目标只能被一个指标参数所衡量。

己工作领域的入侵,而是在彼此交往中展现更多人性的机会。同样我们希望引导客户、儿童和老人,通过互帮互助获得尊严。只有这样做我们才能实现健康的增长,因此,我们做出以下假定。

> **核心目标与核心参数**
> 核心目标:我们为隔代互帮互助提供空间
> 核心参数:参与互帮互助的客户数

这也是我们为"战略大房子"建造的"屋顶"(图2-4)。

图2-4 悦生活"战略大房子"的"屋顶"——核心形象和目标

2.4 步骤2:搭建战略矩阵

企业核心形象和核心目标是我们迈向平衡计分卡的第一步。下一个任务是将它们具体化。

◎ 战略主题。

◎ 潜力开发领域(或者卡普兰和诺顿所说的"视角")的各项目标、内容和衡量参数。

以这种方式建立的目标系统将能够精确地描述:我们想用战略达成什么,以及我们将会遇到的后果。

> 该目标系统也和其他系统一样,只不过是一个假设的组合。我们应该让这些假设对员工透明且可以理解,这一点至关重要。

2.4.1 战略主题

战略主题是帮助我们制定实现核心目标必不可少的子目标。主题库在这方面对我们有很大的帮助。这些主题的具体化是通过合适的参数指标来实现的。

在展开这些主题时，步子不应该迈得太大。如果想让每一位员工与我们步调一致，那么我们必须从他们目前所在的位置出发考虑。这要求我们以人人都能理解的方式衡量战略主题。

> 英国有句谚语："一个人只有当面前有篱笆时才会跳过它。然而，练习跳跃却可以在别的地方。"

因此，我们仔细考虑了哪些是当下要做的决定，哪些是很久以后才"兑现"的决定。

最后，我们就 3 个战略主题达成了协议，同样带有一个目标和一个衡量参数。

- 战略主题 1：照料服务的质量。
- 战略主题 2：会员的增长。
- 战略主题 3：为第三方服务。

我们的战略大房子继续呈现新的面貌（图 2-5）。

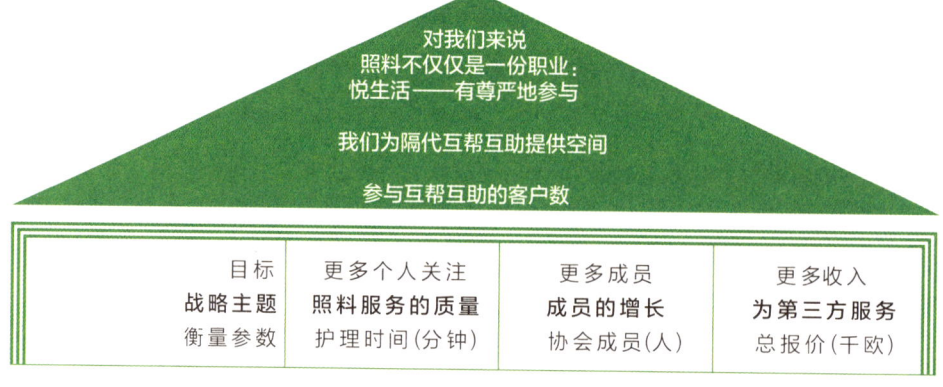

图 2-5 悦生活"战略大房子"的扩建——战略主题

2.4.2 潜力开发领域

午餐休息后，我们开始考虑以下问题：我们希望开发哪些潜力，以便能解决战略主题中的问题,从而实现企业核心形象和核心目标?完成这项任务都需要哪些人加入我们的行列?

(1)客户

我们的战略定位很大程度上依赖于目标群体(分别是儿童和福利院的居民)的参与度。我们认为这些群体将从这种参与中获得尊严。这又能给机构带来更好的声誉,进而增加对我们的服务的需求。这方面我们可以用"客户候补名单上的人数"来衡量。

(2)员工

没有能干和灵活的员工,我们就无法立足未来。在这一开发领域,我们的主要目标是:与一群灵活的、积极参与的人一起工作,敢于退后一步并对已有的流程提出质疑。为了实现这一目标,我们必须加大力度培训员工。因此,"培训天数"可以是衡量提高员工灵活度的参数。

(3)协会会员

悦生活协会的独立性直接取决于它的信誉和自给自足的能力。"自有资金占比"(现金流/资产负债表总额)则是一个恰当的衡量参数。

(4)合作伙伴

我们有广泛的伙伴关系,没有他们我们将无法开展工作。与此同时,我们必须确保合作伙伴也支持我们的企业核心形象。由此我们希望对他们进行"内部排名",并尽可能保持较高的"A级伙伴比例"。

(5)地方政府

像我们这样的慈善组织与政府建立良好的关系是十分有必要的。我们可以通过与地区政府的决策人物接触来实现这一目标。"与当地政府会面的次数"应成为合适的衡量参数。

至此,目标系统编制完成了。

- 我们就悦生活协会的企业核心形象和核心目标达成共识。
- 我们确定了实现目标的战略主题(即关键要素)。
- 我们审视了我们的"关系网",即"潜力开发领域"(视角),目的是找出哪些干系人的哪些潜力需要开发，从而尽可能有效地实现核心目标。

到现在为止，构成战略行动基础的这套假设体系，就以一种大家都能理解的形式展现在我们眼前（图2-6）。接下来所有相关战略行动的想法，都先要在这个"大房子"里验证一下其适合度。

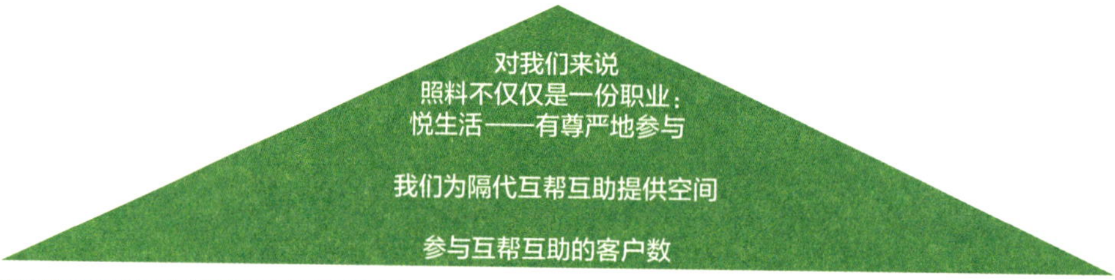

	目标 战略主题 衡量参数	更多个人关注 照料服务的质量 护理时间（分钟）	更多成员 成员的增长 协会成员（人）	更多收入 为第三方服务 总报价（千欧）
目标 视角 衡量参数				
利益相关方视角	增加参与度 **客户** 候补名单（人）			
	提高灵活性 **员工** 培训（天）			
	维护信用可靠度 **协会会员** 资金（千欧）			
	核心形象支持度 **合作伙伴** A级伙伴比例			
	接触 **地方政府** 会面次数			

屋顶文字：
对我们来说
照料不仅仅是一份职业；
悦生活——有尊严地参与
我们为隔代互帮互助提供空间
参与互帮互助的客户数

图2-6 悦生活"战略大房子"的完整架构

■ 2.5 步骤3：聚焦战略行动

"大房子"需要有"人"居住。只有填满具体的、有目标的行动和想法，我们的战略"房子"才有活力。

我们随即开始"寻找想法"。我们当然知道，只聚焦在少数几个战略主题，同时将潜力开发领域缩小到几个干系人视角，会使一些可能带来成功的想法被排除在外。然而，长期的经验告诉我们，可以放心地接受这些偏差。

我们不可能什么都做，也没钱支持我们什么都做。但是，我们可以尽量有意识地按照共同商定的标准选择行动。"战略大房子"就是装载这些标准的行动框架，也就是我们的战略矩阵。

当我们以小组的形式，讨论并在行动卡上记录要应对的行动时，我们的头脑里当然是有上千个想法在打转。

2.5.1　OAR 行动卡

在此之前，引导师一再强调给每个行动制定一个确定要达到的目标。更确切地说：首先是目标，然后思考如何去做。接下来还要设定衡量参数：要么是提供关于行动进展的信息（前置参数），要么是测量目标的实现程度（后置参数）。这即为编制 OAR 行动卡，之后这些行动还需要被纳入战略矩阵。

刚开始时，大家觉得有些麻烦，但在经历了最初不习惯和成功处理客户视角之后，我们变得越来越有创意。每个小组在每个潜力开发领域能编制出 3～8 个 OAR 行动卡（图 2-7）。

每次小组讨论之后，我们回到大组，共同讨论在小组产生的想法。不用说，有些想法是已经在执行的（为什么不是所有人都知道？这个疑问在我脑子里盘旋）；有些想法我也已经和其他同事讨论过。但是大部分想法是很新的，我们从未讨论过、否决过或接受过。有些提议是完全革命性的，为我们的工作开辟出全新视角。

在讨论中，引导师会不断提醒我们去解释为什么提出的行动符合我们战略框架的要求。一些提议随后被放弃和搁置，但也出现了一些新的见解。

> 在这个过程中，出现"相似的想法"不可避免。引导师建议：只要涉及解决同一问题的不同方法，那么即使是相似的行动卡也应该被接受，关键在于行动卡的内容要具体。
>
> 另一方面，使用"改进""替换""优化"或"集中"等词汇描述的行为不应被采用，或被要求重写，这些概念空洞无物，起不到任何引导作用。

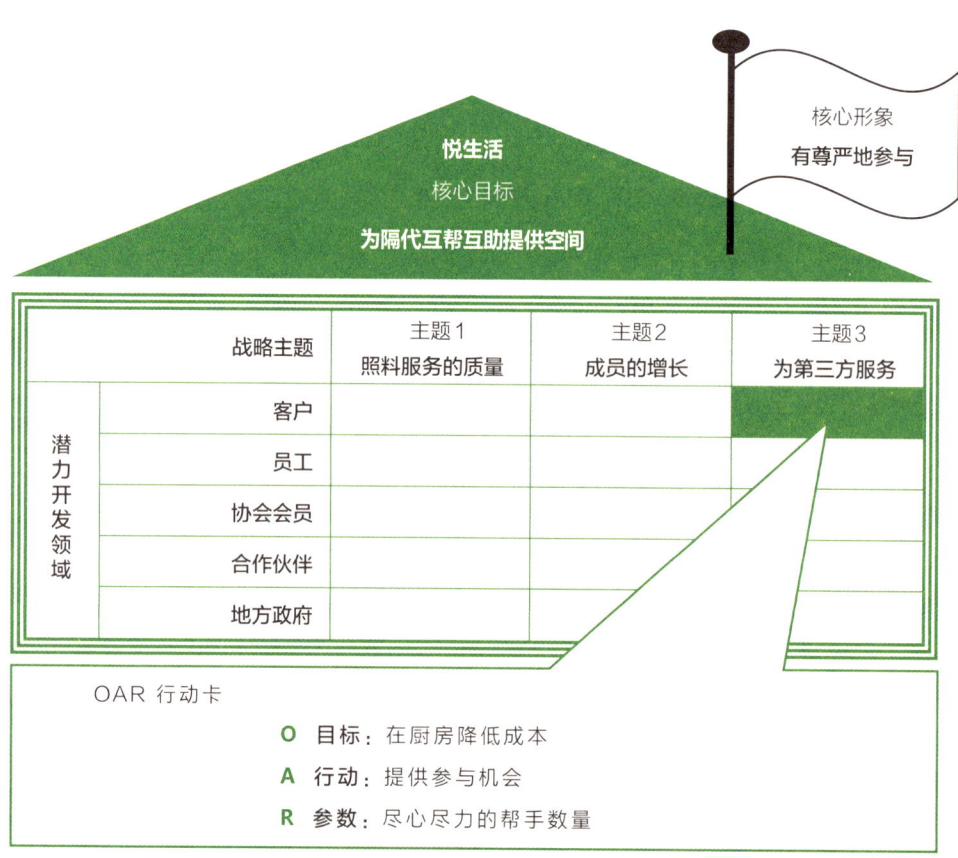

图 2-7　OAR 战略行动

有趣的是，只有少数几个时间跨度很长的建议被提出，大多数的行动想法都是能立即启动的。显然，我们都准备好时此刻将未来掌握在自己手中，而不是等到三五年后。

我们的目标系统（战略大房子）指引了组织的未来，但现在需要我们回到当下，来决定采取哪些提高能力和潜力的行动去实现未来，只有这样做，我们才能清楚地看到，我们的未来具体意味着什么，以及由此产生具体的要求是什么。这不仅是对其他人、员工和合作伙伴的要求，也是对我们悦生活协会执行董事们的要求。

第二次工作坊结束时我们已收集了超过 100 个不同的战略行动想法。每个人都把想法写在行动卡片上，然后和小组一起在大家面前展示。当然，每个小组都努力捍卫自己的想法，并试图说服其他人为什么他们的想法更符合战略要求，这期间涌现出了真正的团队精神。由于小组的组成不断变化，所以并没有出现"我们对抗他们"的感觉，即使在激烈的讨论中听到的也总是我们的想法、我们的创意、我们的未来。看到大家共同努力收集的成果,大家不免产生了一阵小激动。

2.5.2 选择 OAR 范例

"行动日"以一顿美味的晚餐结束,然而此刻我却睡意全无,许多想法在脑海里打转。于是,我在头脑里再次回顾那些对我来说特别重要的 OAR 行动卡,根据选定的战略矩阵将一些印象深刻的行动、想法再次梳理和思考。

让我们随时提醒自己,员工视角具有以下内容。

> 目标:提高员工的灵活性
> 视角:员工
> 参数:培训天数

我想介绍 4 个 OAR 行动卡范例,它们一方面能增强员工在公司的灵活性,给年轻和年老的"兼职"员工更多参与的机会;另一方面,战略主题也同时能得到支持。

> **范例 1:战略主题 1 的行动卡 1**
> 目标: 通过给予更多关注改善护理
> 战略主题:提高照料服务的质量
> 参数: 用于护理的时间(分钟)

符合员工视角和主题 1 的行动卡 1 包括以下内容(图 2-8)。

(1)背景介绍

我们不仅要为青少年和老年客户提供尽可能全面的照料,还要通过互帮互助传递给他们尊严。

这需要花费时间和金钱。同时,我们的客户中有一大批随时准备提供帮助的潜在志愿者群体,我们要与他们接触,从而让他们支持我们的工作。

为此,不一定要大张旗鼓地进行说服宣传工作。我们的员工需要接受一些培

图 2-8 OAR 范例 1 —— 说服客户/协会成员

训,学会如何调动身边的客户的兴趣和会员的积极性,让他们在力所能及的范围内参与一些工作。这样做不仅能提高员工的参与度和敬业度,还能让员工腾出时间来做更重要的工作。

(2) 衡量方法

我们将记录志愿者的人数。

 范例 2:战略主题 1 的行动卡 2

目标:吸引更多协会会员

战略主题:会员增长

参数:会员数量

符合员工视角和主题 1 的行动卡 2 包括以下内容(图 2-9)。

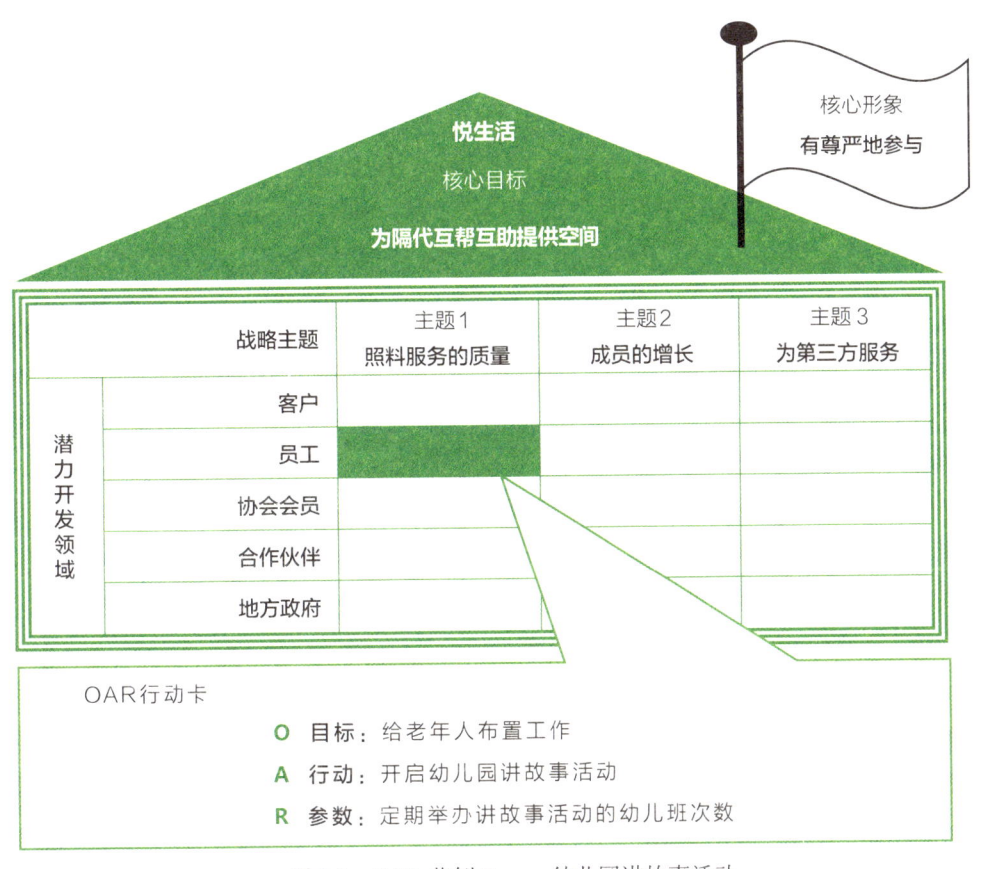

图 2-9　OAR 范例 2 —— 幼儿园讲故事活动

（1）背景介绍

谁都经历过这样的场景：老年人，尤其那些住在养老院的老人被弃之不理。但为什么会这样？老年人是否可以拿本书给隔壁幼儿园的孩子们读？或者在厨房里帮忙，甚至承担其他更广泛的工作，从而变得活跃并感受到挑战？同时通过这些行动获得尊严？

我在维也纳结识了一家为严重残疾人士服务的机构，这些残疾人都在为自己的小组或上级协会完成力所能及的工作。他们很高兴自己不但没有被边缘化，还能赚到一些钱，也为协会降低了开支。

我们也应该积极解决这些问题。不是为了省钱，而是为了给我们的老年人一个有意义的任务：把书中的道理传递给孩子们的同时为工作人员减轻负担。

（2）衡量方法

我们会统计定期举办讲故事活动的幼儿班次数。

范例 3：战略主题 2 的行动卡 3

目标：吸引更多协会会员

战略主题：会员增长

参数：会员数量

符合员工视角和主题 2 的行动卡 3 包括以下内容（图 2-10）。

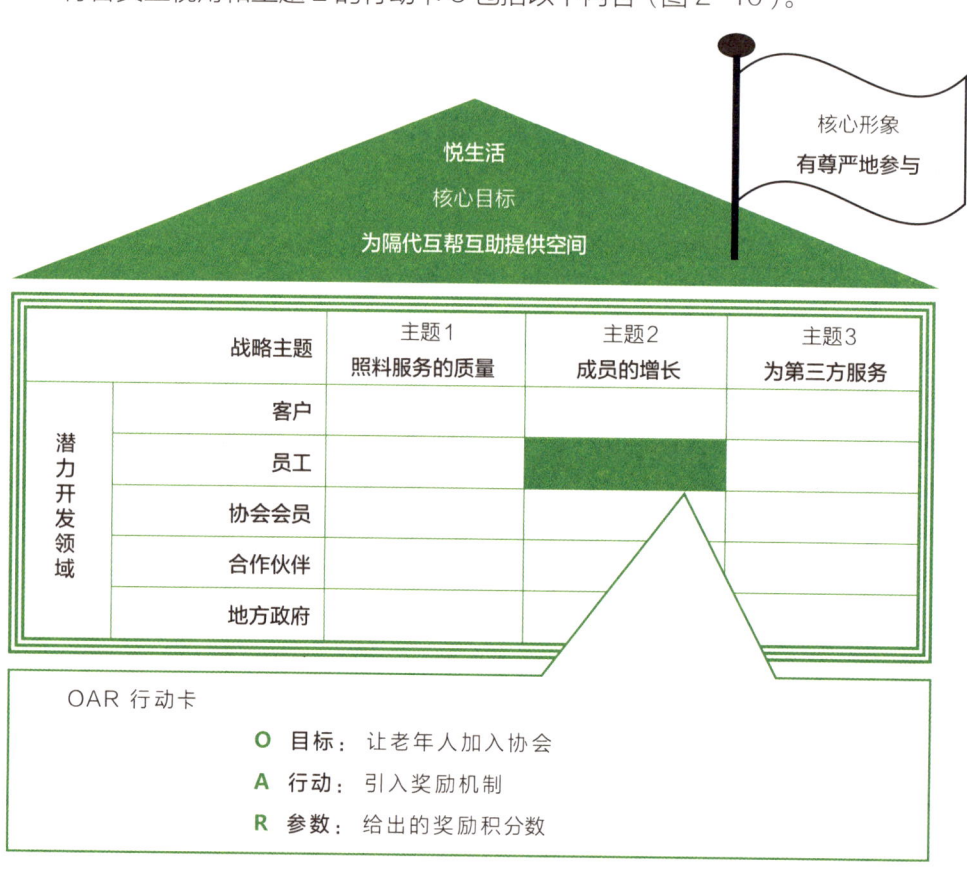

图 2-10　OAR 范例 3——引入奖励机制

（1）背景介绍

协会的生存仰仗会员和赞助方的参与及投入。这里的参与和投入也包括在机构内的志愿者工作。这些贡献应该有所回报，否则我们无法期待得到周期性的服务支持，但是我们不打算给这些服务付费，而是用奖励积分补偿他们。

这些奖励积分将决定老年人在候补名单上的排名，给予他们选择房间的优先权，以及在幼儿园为自家孙辈做选择的特权。

这样，员工也会有更多的时间接受培训或学习其他业务流程。

（2）衡量方法

每工作一小时可获得一个奖励积分，如果这项工作需要大量投入才能完成，那就会得到双倍积分。协会的领导只允许发放25%的双倍积分，所有给出的积分都会被记录下来。

范例4：战略主题3的行动卡4

目标：通过提供服务增加收入

战略主题：为第三方服务

参数：报价总额（前置参数）或合同金额（后置参数）

符合员工视角和主题3的行动卡4包括以下内容（图2-11）。

图 2-11　OAR 范例 4 —— 与外部顾问合作

（1）背景介绍

我读过德国一家大型医药公司的研究报告，其中指出，如果让员工参与目标的制定，他们的积极性会明显高涨。

这其实很正常，但是依然有不少公司仍旧采用自上而下的强压式管理，这导致员工缺乏时代要求的灵活应变的能力、工作激情和创造力，最终造成公司业绩平平。

我们不是也一样吗？难道我们不应该开放？不对，难道我们不是必须开放吗？

因此，我希望和外部顾问一起，学习如何利用员工的专业知识和责任感将其带入管理。我们将和员工一起制定目标，但这并不意味着每个人各自为政，而是基于共同的大方向（如经营理念和核心目标），从各自团队的角度思考我们能做的是什么（而不是总想别人能做的是什么）。号召员工开动脑筋，各抒己见，探讨如何将我们的专业知识更好地市场化，而不是仅限于在机构中运用。

我们还必须降低成本。这可以通过降低成本本身或以同样的成本提供更多服务的方式来实现。但为什么大多数管理者都很狭隘地认为未来就是降低成本，而降低成本又等同于裁员？

（2）衡量方法

记录参加相关工作坊的员工数。

实际上，我们产生了比上述的员工潜力开发领域更多的想法。我们尝试尽可能多地描述具体任务，那些我们认为能提升潜力的具体任务。

之后，我渐渐平静下来，入睡了……

2.5.3 题外话：前置和后置参数

前置和后置参数都是衡量过去的表现，没有人能衡量未来的事情。但在选择参数时，我们的头脑里也应有假设，假设这些参数能对未来的结果下结论。例如，我们已经知道，大量报价是日后订单的前置参数，那么一定总是这样吗？你的同事能理解这个假设的因果链吗？

公开你对所谓前置参数的假设，并沟通假设的因果链。这样每个参数都可能作为前置参数。在平衡计分卡的框架内，应该用一种协调的方式来处理前置参数和后置参数。

2.6 步骤4：汇集行动形成项目

当晚我做了很多梦，甚至还有一个噩梦：我看见自己被数百张彩色卡片包围，所有卡片边扑向我边说"选我""选我""选我"。我们是否对自己要求太多了？每件事都想同时做？在此过程中，运营工作是否会严重脱节？

我度过了相当不安的一夜，次日早餐的时候，我向一位引导师表达了自己的担心。他笑着说："罗马不是一天建成的，船到桥头自然直。"

时间过得比我们预想的快，早餐结束，我们就站在两块空的白板前，我们的OAR行动卡被夹在中间。"从属一类的行动，也应被一起推进，这样才能达到同音共律的效果"，引导师说，然后要求我们所有人走到前面去，把属于一类的OAR行动卡归到一组。

2.6.1 合并行动方案

"来吧！"我们毫无头绪地站在两块板前，研究着昨天描述过的那些OAR行动卡（同时对个别成员的笔迹表示不满）。我们花了一些时间，不时将询问的目光投向引导师，但很快大家就不再束手束脚，并发现："这个想法应和另一张OAR行动卡归在一起！"于是我们将所有卡片重新分组，一张接一张，直到只剩下3张。

在这个过程中，我们当中有一个人的任务是给已经成形的行动组命名。不久，8个项目构想浮出水面。

之后一位引导师再次发出指令。为了检查归类是否正确，他要求将行动组下的每一张卡片都高声朗读一遍，每一组选不同的人读。由于卡片分组时是混合的，因此我们又发现了一些OAR行动卡就其含义而言，应隶属于不同的项目构想。我们甚至还彻底放弃了一个项目构想，因为它下面的卡片更适合于归入其他项目。剩下的 3 张 OAR 行动卡也找到了归属,最终整理的结果如下。

悦生活协会的战略项目:

- 项目 1:鼓励老年人参与。
- 项目 2:重建组织架构,建设未来。
- 项目 3:发展培训。
- 项目 4:提升自主财务实力。
- 项目 5:为第三方服务。
- 项目 6:区域合作。
- 项目 7:加强年轻人的参与。

2.6.2 战略项目审查

我们有 7 个战略项目构想要付诸实践,这时的项目看起来仿佛是一只被拔了毛的鸡——不完整且难观赏。为了能从项目构想中生成具体的、可规划的和可执行的项目,引导师随后向我们介绍了项目梳理的七步法。

(1)成立工作小组

针对每个项目,将指派一名战略工作坊参加者担任临时项目经理,扮演项目"监护人"的角色,负责项目规划。他的任务是在企业里挑选两名同事,协助他在未来 7 周内完成项目组建。

> 利用这个机会使组织结构更开放一点。选择项目负责人时,可以考虑选择非相关领域的人。当然项目所需的专业能力还是要有人带到项目团队中来,但这个人应该尽量不是项目负责人,否则将错失很好的机会——既能加强不同领域的沟通理解,又能不折不扣地践行创新。

举例

在一个物流项目中,一位销售人员或许可以担当临时项目负责人,而在一个营销项目中,临时项目负责人可以来自生产部门。

（2）设定项目目标

什么是我们真正想通过战略项目达到的目的？分组的 OAR 行动卡包含什么共同特征？这些都应该用一个清晰的项目目标来定义和表述。这个目标必须匹配战略矩阵系统。

（3）明确项目参数

经验告诉我们：一项参数可以帮助我们更精确地把握目标，还可以评估接下来的实施是否正确。

因此，每个项目首先要确定起点、目标以及每个节点。在公司管理委员会确认之后，这些节点将成为项目经理的责任领域。

我们为每个战略项目设定了一个目标、一个项目名称和一个衡量参数，类似前几章介绍的战略矩阵和战略行动的思路。

举例：战略项目"自主财务实力"（表 2-3）

表 2-3　战略项目"自主财务实力"

O 目标：强化组织的活动以维护组织独立性 A 项目：财政实力 R 参数：捐赠总额	
O 目标：维护潜在客户关系 A 行动：建立徒步社群 R 参数：参与者数量	O 目标：维护目标群体黏性 A 行动：确定奖励机制 R 参数：奖励积分数
O 目标：维护潜在客户关系 A 行动：将表现纳入奖励机制 R 参数：奖励积金数	O 目标：争取成员 A 行动：联合举办活动 R 参数：新成员数
O 目标：游说目标群体／媒体 A 行动：开放日 R 参数：参与者	O 目标：合作伙伴购买会员 A 行动：合作伙伴会员卡 R 参数：使用会员卡数
O 目标：发展提议 A 行动：联合创意工作坊 R 参数：提议	O 目标：联合销售 A 行动：创建联合销售代理 R 参数：量和销售数
O 目标：A 级伙伴作为会员 A 行动：专为成员的额外优惠 R 参数：A 级伙伴数	O 目标：成员成为捐赠推动者 A 行动：成员捐赠资料 R 参数：捐赠总额

（4）拓宽项目结构

行动是为了实现战略矩阵中的目标而制定的。制定过程中还没人想到战略项目，所以项目需要增加一些行动，或更恰当的说法是"项目步骤"。

到底是10个还是50个项目步骤更合适？这取决于公司和项目的规模，但建议项目步骤数量要可控。你可以将近期的步骤分解得更细些，而对那些遥远未来的步骤则只需粗略安排即可。

> 如果战略项目规模太大，会容易失去可管理性。可以考虑将平衡计分卡应用到战略项目的系统规划上。对于大项目，可以组成一个10~15名来自公司各部门的专家项目组，用类似的方法制定项目目标（项目的核心目标）和战略矩阵。然后，通过头脑风暴制定行动方案，再将行动方案合并成子项目。当然，每个子项目都有各自的目标和参数，这种做法完全和一个公司的平衡计分卡类似。

（5）项目步骤的时间顺序

当然，不是项目中的每件事都必须立即和同时完成，有些需要更多的时间，有些需要更少的时间。其中一些在时间上是重叠的，一些却是有先后顺序的，完成几个步骤是开始另一个步骤的先决条件。

（6）估算所需的资源

估算不是要求精确到每一分钱，而是在决定实施项目之前就应该大致了解成本预算。

成本不仅指运营成本，也包括资金相关的投资和员工在项目工作上的时间投入。

通过结合时间顺序和资源需求，我们可以估算整个项目周期所需的现金流，这是项目进入规划阶段的先决条件。

（7）评估对战略矩阵系统的影响

企业经营活动很复杂，无法用公式描述。现实生活中几乎找不到线性关系，它们过于简单化，误导我们相信一些并不存在的精确性。即便如此，我们依然需要解释战略项目对目标系统产生的影响。

战略主题和潜力开发领域（视角）组成战略矩阵，每个战略主题和视角的交集又构成一个矩阵元素（发展点）。评估战略项目对发展点的影响，如，好（+2）、积极（+1）、无（0）、消极（-1）或不好（-2），可以说明哪些发展点在被集中开发。当然，还可以更完善细化这个结构，但从我们的经验来看，那不会增加任何意义。

以悦生活为例，其战略矩阵有 15 个发展点，每个项目可获得 +30 或 -30 的最大评估值。由于每个项目都可能对矩阵中的某些目标产生消极影响，所以矩阵也是一个显示潜在冲突的工具。

2.6.3　整合现有项目

上述 7 点组成了我们在今后几周内应该进行的一项任务。并且所有这些都在我们日常运营时间以外进行。

除此之外，我们与财务总监一起列出所有正在进行和已计划的项目清单。

这个清单应包括：

- 已批准的项目经费。
- 到目前为止已花费的比例。
- 参与人员。

我们想用 7 周时间讨论这些点，其意图是检查正在进行的项目是否适合我们的战略框架，以及我们希望如何从这里起步。

7 周后，同样一群人再次开会。我原本以为公司在我的"掌控"之中，但结果出乎意料！

在介绍已进行的项目时，很多大大小小的问题浮出水面，一些是我不太了解或部分了解的问题，但也有一些是我认为在很久以前就已经解决了的问题。将每个项目讨论一遍之后，我们明白了 7 周前的工作坊所取得的成效：大家都认识到有组织地收集战略问题非常重要。

按道理说，现在取消所有正在进行但尚未完成的老项目应该很容易，但我们还有一个问题不明确。

> **举例**
>
> 有一个名为"照顾老年人饮食"的项目——车轮上的午餐桌,已经花费了公司17万欧元,这在我们的头脑风暴环节并没有提到。是被遗忘了?还是无成效?或者不重要?

多亏有战略大房子,让我们意识到这个项目实际上已经不再适合我们的战略规划。

理智的生意人在这时只有一种选择:终止项目并想办法将已经实现的部分"变现"。除了决定终止,其他都帮不了你,这样好过在追加3万欧元之后才意识到:"我们现在怎么处理它?"

像这样的项目,不管是否已经开始,都会成为我们战略讨论的牺牲品。因为我们谁都不是毫发无损,所以大家才能够不带个人偏见的出主意、发表看法。当然也有2~3个项目被大家睁一只眼闭一只眼对待,现实生活是允许例外的。最后我们能够问心无愧地将4个老项目移交给项目团队,因为它们契合我们的战略矩阵。

财务总监约亨·比拉斯十分高兴,我们为来年节省了45万欧元。

2.6.4 战略项目立项

我们正好可以利用这笔钱,包括节省下来的人力时间。接下来是推介新项目。每个人都展示了小组工作的结果、项目的支出和战略回报,并试图让其他人相信,他的项目应该尽早按计划开始。

然而我们的财务总监约亨并不十分满意,因为在接下来的一年需要130万欧元支出,有点儿太多!即便有关停项目带来的45万欧元的节约,也没能阻止他行使否决权。因此,我们不得不自我努力削减项目预算。

> 尽管政治家总是用这招愚弄我们,但割韭菜的方法不是削减开支的好办法。当然,人们可以简单地在执行委员会投票决定哪些战略项目应该推迟,甚至完全取消。
>
> 通过将战略项目放在战略矩阵中进行思考和讨论,我们大致对每个项目的重要性得到一个相对的认识。

在对每个项目进行权衡后，我们讨论决定立即开始下列 4 个项目（表 2-4）。

表 2-4　战略项目及计划支出

项目	第一年计划支出（万欧元）
项目 1：老年人参与	27
项目 2：结构调整	16.5
项目 3：进阶培训	42
项目 6：区域合作	9.5
第一年计划支出：	95

2.6.5　战略项目管理

接下来我们要确定 4 个战略项目的项目经理。他们不一定是最初指派的临时项目经理，但临时项目经理仍然会以"监护人"的身份陪伴项目，确保项目顺利进行。当涉及资源分配的争论时，他们也要为"他们的"项目经理争取资源。这是矩阵式组织结构下常见的一幕。

我们希望在 6 个月内进行一次审查，然后决定是否启动余下的 3 个项目，或者也许在新的平衡计分卡会议上修改它们。

工作正式开始！我们搜集了目标参数的实际值（目标参数指核心目标、战略主题和潜力开发领域的参数），并设定计划指标。

每个季度我们都会在战略圆桌会议上一起过目战略数字，这时用的报表是"管理计分卡"（Management Scorecard），那上面的"红绿灯"总能将我们带回到现实，并指出问题所在（图 2-12）。

平衡计分卡让我们关注到经营活动之外的战略问题。以前我们不是已经这样做了吗？不错，但以前每个人都只做自己的事。而现在我们正朝着一个共同的目标努力，每个人在共同制定和达成一致的战略项目中负担一定的责任。这些项目都指向一个共同的目标。

对我们来说照料服务不仅仅是一份职业，"悦生活——有尊严地参与"

56 战略平衡计分卡践行指南——欧式方法论

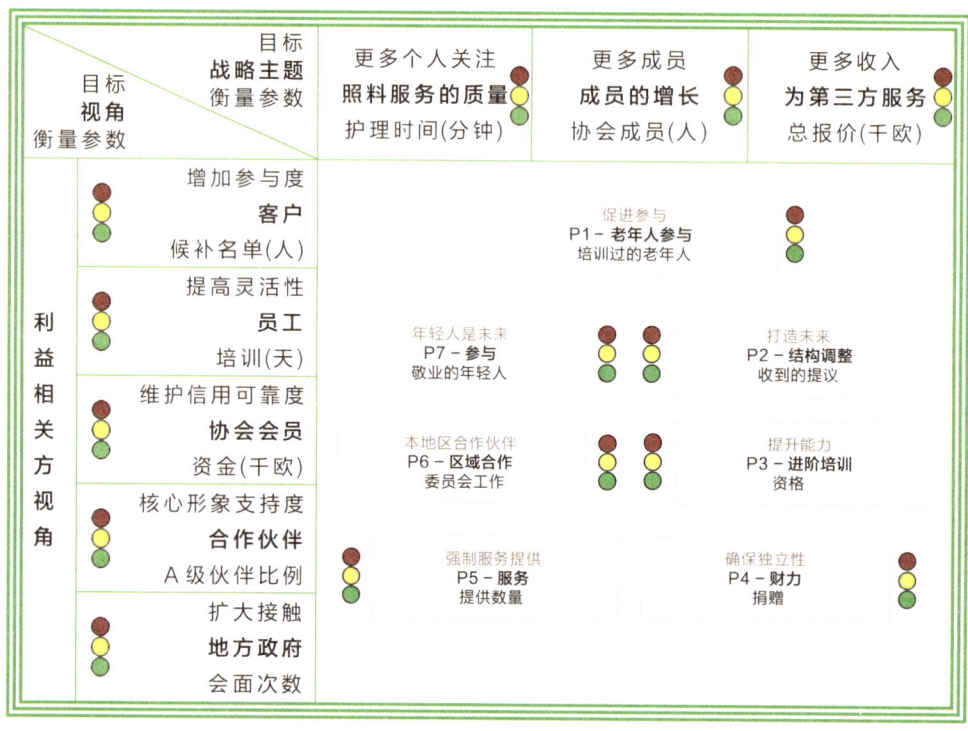

图 2-12 管理平衡计分卡

2.7 步骤5：制定汇报计分卡

使用汇报计分卡（Reporting Scorecard），我们可以在一张纸上清楚地列出经营业务和战略业务的最重要目标。

我们组成一个小组，研究出"汇报计分卡"的第一个版本（图2-13）。大家讨论用哪些参数来记录战略实施和潜力利用。

汇报计分卡首先有一个内部监测功能：我们是否确信预期的经营结果（如现金流、利用率、订单量等）通过战略措施和项目得到保障？在运营业绩上我们期望从战略项目（关怀、员工敬业、进阶培训和媒体工作）中看到什么效果？

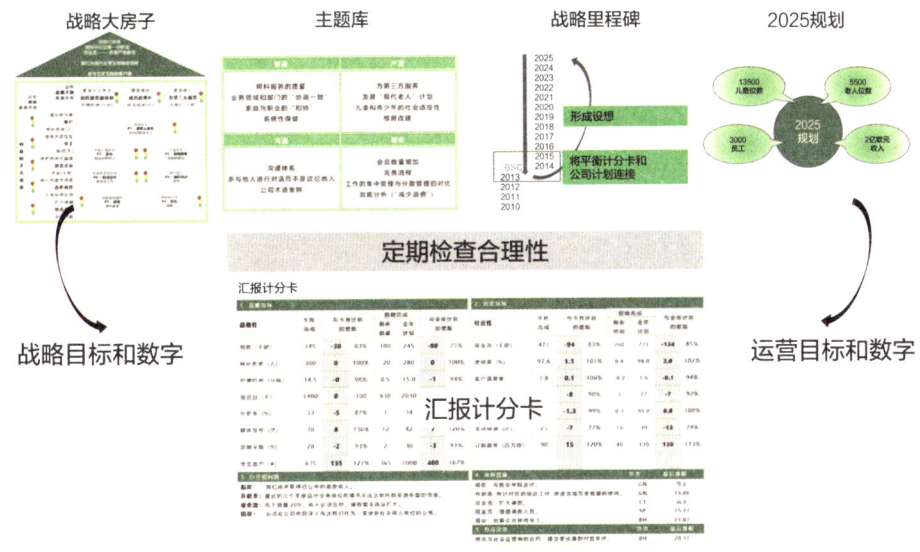

图 2-13 汇报计分卡来源

然而，我们也应该向第三方、开户银行、当地社会公众以及其他利益相关方通报我们的相关战略和运营工作。采用汇报计分卡这种形式可以达到这一目的。

在这个过程中需要始终考虑报告接收方的需求：接收方想要从战略实施和潜力利用方面了解哪些信息？

> **举例**
>
> 在多层级的大型企业和机构中，平衡计分卡的汇报内容是强制制定的。这产生出一些有意思的参数，例如在德国联邦铁路公司（Deutschen Bahn）的铁路战略卡中，用"正点率"衡量铁路管理。其他企业，如海德堡德印刷公司（Heidelberger Druck AG），将平衡计分卡分成 2/3 的报告部分和 1/3 的个人信息部分。

我们将汇报计分卡的重点放在"目标实现预测"上，所以那些为目标实现所做的措施和决定才是汇报的核心内容。

> 做好事，要传播！

对内，我们定期向战略工作坊的参会者汇报。与此同时，所有的管理层人员会和团队讨论战略信息。

对外，我们希望与银行和主要区域合作伙伴谈论我们的战略工作，通过定期沟通平衡计分卡建立起强有力的联盟。

表 2-5 及表 2-6 是我们针对 2015 年 9 月的情况制作的汇报计分卡。

表 2-5　汇报计分卡（左侧）

1. 战略指标

战略性	9月实际值	与9月计划值的差距		预期完成		与年度计划的差距	
				剩余时间的待完成值	年度预估		
捐款（千欧）	145	-30	83%	100	245	-80	75%
候补名单（人）	300	0	100%	-20	280	0	100%
护理时间（分钟）	14.5	-0	98%	0.5	15.0	-1	94%
培训日（天）	1 400	0	100%	630	2 030	230	113%
升职率（%）	33	-5	87%	1	34	-4	89%
媒体发布（次）	30	8	136%	12	42	7	120%
定期采购（%）	28	-2	93%	2	30	-3	91%
忠实客户（人）	635	135	127%	365	1 000	400	167%

3. 存在的问题

捐款：我们尚未取得已公布的捐款收入。
升职率：最近的几个季度这些业务岗位的填充无法达到内部资源所需的范围。
现金流：低于预算20%。收入必须及时，催款需求将会扩大。
倡议：必须在公司内部深入传达我们作为一家创新社会用人单位的立场。

表 2-6　汇报计分卡（右侧）

2. 运营指标							
经营性	9月实际值	与9月计划值的差距		预期完成		与年度计划的差距	
				剩余时间的待完成值	年度预估		
现金流（千欧）	471	-94	83%	260	731	-134	85%
使用率（%）	97.6	1.1	101%	0.4	98.0	2.0	102%
客户满意度	1.8	0.1	106%	-0.2	1.6	-0.1	94%
能力水平（%）	74	-8	90%	3	77	-7	92%
出勤率（%）	94.7	-1.3	99%	0.3	95.0	0.0	100%
主动申请（次）	25	-7	77%	14	39	-13	74%
项目成交额（百万欧）	90	15	120%	40	130	15	113%

4. 应对措施	负责人	最后期限
捐款：与相关学院合作。	GN	马上
升职率：有针对性的培训工作，使该领域负责预算的使用。	GN	8月15日
现金流：扩大催款。	CT	马上
现金流：增强请款人员。	SP	11月15日
倡议：招募企业宣传员工。	BH	1月1日

5. 有待决策	负责人	最后期限
修改与社会运营商的合约→更优惠的付款条件	BH	11月28日

我们向第三方的传递以下信息。

悦生活——有尊严地参与

我们不间断地培训员工，其结果是大部分的管理职位是内部选拔的。这是激励员工的一个重要因素，直接体现在员工的低错误率和高出勤率上。

正如我们的口号"有尊严地参与"，我们鼓励客户直接参与到机构的工作中来，让老年人、儿童和青少年因参与而获得尊严。通过这些努力，公司获得很高的客户满意度和媒体的积极反馈。

另一个良好服务的重要标准是供应来自本地区的"新鲜"产品。通过组织活动，客户对服务的需求增加了，入住率提高了，由此带来的超出行业预期的现金盈余，可以用来扩建我们的社会服务设施。

谁不会投资这家公司呢？谁不会支持悦生活实现其社会目标呢？因为我们要为悦生活协会"干系人"的未来做贡献，为我们的员工、合作伙伴、客户和融资人创造价值，为本地区的未来提供保障。

即使有了这个汇报计分卡，我们仍没有一个全面的战略报告系统。这只是一个开始，接下来，我们还将使用其中的参数作为年度规划和预算流程的基础，以此满足战略行动和运营行动之间密切的联系。与此同时，我们寻求更灵活的方式设计预算流程，并进一步发挥员工的个人能动性。

2.8 步骤6：融入管理流程

每月的管理会议上，高管们开会讨论上一阶段的结果，并从中做出经营决策。这种高度灵活性无疑是业务成功的核心要素。另外预算对我们来说并非一个必须不惜代价遵守的规则。我们的预算只是给了一个空间，让机构负责人自由灵活地应对新情况的发生，他们最终对结果负责，而不只是对预算负责。

在这些会议中，我们还利用战略大房子和汇报计分卡跟踪战略目标的实施。重要的是：每个参数都有一个负责人。这样才确保参与者们能全心投入。

通过这个实践我们开启了一个持续学习的过程。一方面检查自己是否在为公司的未来做一些既定的事；另一方面问自己，战略和经营是否还在"保持一致"，我们是否还在正确的"轨道上"，或者需要纠偏了。

在决策工作坊期间，我们还决定把平衡计分卡管理方法以试点的形式引进到幼护中心和敬老院的管理中。然而，我们不想指定战略项目，这些部门的骨干应起草他们自己的计分卡。相关部门领导（也是我们工作坊曾经的参与者）阐述了机构的核心目标。虽然这些部门的战略主题和发展区域不同于彼此，但它们都支持我们的核心目标。

跨部门的战略项目的项目经理们也参加了这次工作坊。他们的参与一方面是为了吸收一些好的想法用在自己的项目上；另一方面，是为避免与自己的项目产生重叠。

顺便说一句，这些部门工作坊只开了一两天。没有必要再次进行密集的战略讨论，战略项目的设计也不是那么烦琐。

2.9 步骤7：从经验中学习

刚过了半年，我就开始犯嘀咕：项目2——重建组织架构，建设未来的项目负责人，虽然动静不小，他们一起反复修改想法，并为这些想法的实施做出了大量工作，但从收到的报价单数量来看，结果并没有变得更好。

当我们发现甚至到下个季度末都没有任何进展时，我们决定暂时停止这个项目。

举行年度战略工作坊。这样就能够：
- 对迄今为止取得的成就进行总结评估。
- 重新检查战略矩阵系统，核心目标和企业核心形象。
- 为新行动收集想法并实施。

一年后举办的战略工作坊，大家可以收集新想法，制定新的战略行动，为制定新的决策提供可能性。

这也合乎逻辑。首先，我们的项目6——区域合作非常成功，使我们能将战略注意力转向其他问题，同时将区域合作纳入日常运营。这个项目所创造的潜力目前正在被放大。

我们为项目2制定了新的重点，聚焦在改善内部业务流程上，方便为有激情的老年人和青少年提供参与机会。我们还为项目2选择了一个新参数：注重参与的业务流程数量。

战略实施工作坊已慢慢成为我们年度计划的一部分，平衡计分卡管理方法也已经成为我们日常工作的一部分。

3

平衡计分卡——实施

本章将介绍如何在公司里组织平衡计分卡的持续引入和传播。在此过程中,哪些任务可以由软件程序执行?应该将选定的参数与奖金结合吗?

3.1 实施平衡计分卡的组织环境

没有什么唯一的正确方法,就像不止有一种正确的平衡计分卡一样,只要能满足企业的需求就是最合适的方法。一路走来,收获了不少经验值得和大家分享。

共同制定平衡计分卡的一个先决条件是公开对话的意愿。必须学会把同事当作合作伙伴,带领他们在共同的道路上并肩前行。"指令式和质疑式(控制)"的管理或许在当今的企业中还是惯例,但在现代社会中,为了能在竞争中站稳脚跟,我们越来越需要一些主动思考、主动行动和主动担当的员工。为此企业文化应该倡导自主担当、自主决策、保持开放、真实坦诚。

目前还仍处于等级制度管理下的公司可能需要较长的时间来建立信任。多年来,悦生活协会一直以开放的态度对待员工,我们给予的开放换来越来越多的回报——独立自主和负责任的行为。

组织一个制定平衡计分卡的工作坊很困难吗?可以说,不算太难。我们得到了克劳斯·马维茨和他推荐的引导师的支持,但请允许我列举出最重要的几点,可以帮助一个公司组织建立及实施平衡计分卡。

3.2 第一点:如何开始?总是自上而下吗?

虽然有"自上而下"的范例,我们也考虑过部门试点的方法,采取这个方法的前提是:公司领导必须参加部门工作坊,并对产出的结果给予支持,至少暂时的容忍接受。此外,公司最好有明确的战略导向(战略导向在这里指的是使命、愿景、价值观、核心优势、商业模式——译者注),这样以后就不必从头再来。至少在举行工作坊之前,战略导向是明确的。

引导师介绍了其他公司用部门试点的方式引入平衡计分卡的案例,并取得了不错的成果,且在实施战略目标方面拥有比他们预想中更多的自由。

在平衡计分卡工作坊中,我们为整个机构设计了战略大房子和汇报计分卡。我们之后将把成果传递给各个部门,以便他们能开发自己的计分卡。

3.3 第二点：谁应该参加平衡计分卡工作坊？

我们坚决要求，参加者应该包括公司的领导层以及平衡计分卡所涉及的部门的骨干。应该杜绝有些人事前不参加事后捣乱的现象。幸好我们不像某些大公司那样有24位总监。出于群体动力（group dynamic）的原因，参与工作坊的人数应该在15人左右。

回顾一下，在我们的案例中与会者有：

- 四位最高管理层成员（运营管理、人事管理、采购管理以及担任总经理的我本人）；
- 四位业务线骨干，每个业务线（养老和幼护）各两位；
- 工会主席；
- 来自协会董事会的马维茨先生；
- 三位客户代表（包括家长代表和养老院住户代表）。
- 我们还要求三位年轻同事参加工作坊，为了吸收新想法和新思想。希望他们在几年后能带着另辟蹊径的思考风格加入管理团队。

我其实并不希望工会代表出现在参与者中，在我看来她过于谨慎，然而会议引导师坚持这么做。你瞧，她表现得十分出色，之后很容易说服所有员工接受这些目标。

> 工会代表应该始终参与平衡计分卡的制定。工作坊上提出的战略目标大多是共同决策，邀请工会代表加入，可以保证他们的想法也融进制定的目标中，这样便于日后的执行。

3.4 第三点：何时与何地？

举办平衡计分卡工作坊的最佳时间是春季或初夏。这不仅是因为在这几个月里我们感到了自然萌发的活力，更重要的是因为此时是平衡计分卡踩上年度财务预算节奏的最佳时间：3月或4月起草战略，5月或6月拟定战略大房子的目标和项目，然后用 7 周设计项目，最后在决策工作坊的过程中提出解决方案并制定汇报计分卡。最终，战略项目批准的经费可纳入下一年的中期计划和预算。

即使平衡计分卡流程在一年中的其他时候启动（假如项目在 2 月才决定），而没有在当前的预算规划中，2～3 年的中期计划和年度预算也应该能灵活调整，以便落实战略项目。

平衡计分卡工作坊应尽量不在公司场所内举办。打进来的电话或者必须去签署文件等干扰，都会影响这个受群体动力驱动的流程。选择一个离公司不太近的酒店，有足够房间进行分组会议，有一个能激发想象力的环境和氛围，还能为晚间互动提供空间。

3.5 第四点：由谁主持？

"先知在自己的国家从不被接受"，这句话在此也适用。悦生活协会里有些同事可以很好地主持一次工作坊，然而，他们并不是中立的，他们有需要维护的利益，也就是说，无论是否出于主观意愿，他们都可能会在制定平衡计分卡的过程中偏袒一方。当自身利益受到影响时，谁都不会袖手旁观的，这就是必须与外部引导师合作的原因。

这至少适用于最高管理层。为了将平衡计分卡引入机构，我们培训了两名内部引导师，他们会在本部门之外进一步伴随和引导平衡计分卡流程。

3.6 第五点：如何维持流程运行？

战略开发和实施是最重要的管理任务，必须坚持下去。每个人或许都曾有过这种经历：公司在运营中会时不时地出现问题，需要采取灭火措施，好让一切重回正轨或阻止更糟的情况发生。这时人们常常会牺牲战略任务，使其处于停顿且无人值守的状态，以保证组织经营的正常进行。

因此，在悦生活协会里，一项战略的实施取决于身为总经理的我。我的助理是负责平衡计分卡事务的专员，其职责是监督我们是否认真坚持。他会不厌其烦地提醒和"骚扰"我们，直到我们都能自觉坚持执行。

3.7 第六点：奖金评估可以参考战略指标吗？

悦生活协会在管理层和工会之间保持密切合作，这种关系让我们有机会用奖金去激励主动承担责任的行为。

我熟悉这一类的讨论，并意识到额外奖励的优点和缺点。我们需要注意区分两类受奖人：

- 对一般员工来说，工资仅够维持日常生活；
- 对管理人员和专家来说，更重要的是从工作中获得乐趣和认可。

比尔·盖茨曾经说过，很难用额外奖金激励百万富翁更创新。我也有类似的感受。虽然我们的管理人员们不是百万富翁，他们中的一些人可以在其他地方赚更多的钱，但他们却选择留在我们身边，因为我们有快速决策的组织结构和扁平的层级，而且我们为他们提供了承担责任的机会。还有什么比有缔造的机会更能激励人的？

当然，我们会让管理人员共享公司成果，但在我看来，这并没有对激励产生足够大的影响。即使如此，我们还是计划在实践平衡计分卡一年后，将战略目标达成这一参数涵盖在奖金的计算里。

我们的普通员工日复一日地努力工作，只为赚取每天的面包钱，但他们也希望推动悦生活进一步发展。我们从客户那里了解到，他们与这些员工直接接触的经验大部分是积极的。在这种情况下，适宜用奖金向那些员工表达我们的谢意，因为对收入较低的人群来说，金钱有着不同的分量。

我们了解到，像教员、护工或清洁工这样的工作者也愿意承担更多责任，在他们的职责领域里独立负责，多做贡献。

> **举例**
>
> 我们的一个养老机构在引入平衡计分卡后，开展了一个内部自治的项目：清洁工被划分了独立的职责范围和清洁材料的预算分配权利，她们可以独立管理这些材料并且只需每3个月结算一次。

在执行中虽然有时会引发冲突，但大体上很奏效。在我们的组织中，人们对彼此的理解日趋深入，因为在他/她所在的部门，每个人都越来越把自己看作企业家。

3.8 第七点：是否使用软件支持？

我们犹豫了很长时间：是否应该采用一个软件解决方案来支持平衡计分卡的管理过程？这样的程序可搜索到很多推荐，但软件的成本，特别是引入成本不可小瞧！在进行平衡计分卡首次讨论后，我们清楚地认识到：首先解决的应是管理问题，财务参数问题是其次。因此，并不需要一开始就采用软件解决方案。用诸如微软 Excel 这类电子表格展现参数对我们而言已经足够。我们更注重如何将预期的费用和结果纳入中期计划。

3.9 维护参数的成本

我们现在"生活"在平衡计分卡中，已习惯于用指标衡量战略行动的结果，并且从中做出决策。

每个战略项目的经理每个月都会收到一份包含成本、时间花费和投资的表格。它们先通过 ERP 系统收集和处理然后转成电子表格。

那么"战略收益"将从哪儿来？我们有 100 张行动卡（OAR），还针对战略矩阵里的每一个元素设立了衡量指标，这些都要衡量吗？"不用，"我们的平衡计分卡引导师详细解释道，"绝不能忘记，处理数据也是要花费时间和金钱的。"

> **举例**
>
> 如果一个项目可能持续 3 个月，项目成本总计 1.2 万欧元，那么值得为此记录一个参数吗？

他们建议我们应专注少数几个对平衡计分卡过程管理最有效的参数。是不是花在收集和处理数据上的时间越多，就越能证明领导能力和信息能力强呢？

这里有一个重要原则：参数是用来"导航"未来的，但如果参数的实际值一年才能获得一次的话，就很难起到导航作用。这就是为什么所有选择的参数必须至少能按季度记录。

我们让各项目经理自己决定他们想要记录哪些参数，并为此设定了不超过项目总成本 3% 的标准。

另一方面，我们希望能记录战略项目的参数、战略矩阵中的参数以及核心目标，并在每个季度的管理计分卡和汇报计分卡中对它们进行评估。

我们能从哪里得到这些信息？对于每个参数，我们都规定了信息来源和负责的部门（表 3-1）。

表 3-1　悦生活协会的战略参数

目标	参数	现有报表	周期	数据来源/负责部门
核心目标	参与客户人数	无	月	机构月统计
战略主题 1：照料服务的质量	护理时间	部分	月	计时系统，包括志愿者
战略主题 2：成员增长	组织成员人数	有	月	组织统计
战略主题 3：为第三方服务	订单总数	无	月	报价统计
视角：客户	等候清单上的总人数	无	季度	公共关系部
视角：员工	培训天数	有	季度	人事部
视角：协会会员	内部财力（现金流/资产负债表总额）	有	季度	财务部
视角：合作伙伴	A 级合作伙伴数量	无	季度	采购部
视角：地方政府	与地方重要人物会面次数	无	季度	公共关系部
项目 1：老年人参与	经培训的老年人参与数	无	月	财务部
项目 2：结构调整	收到的订单数	无	季度	采购部
项目 3：进阶培训	资格获得	无	季度	人事部门
项目 4：财政能力*	捐款	有	月	财务部
项目 5：服务*	订单总数	有	季度	财务部
项目 6：区域合作	委员会参与数	无	季度	公共关系部
项目 7：年轻人参与*	儿童/青少年参与数	无	月	计时系统，包括志愿者

*项目暂缓开始。

通过战略大房子和汇报计分卡以及中期规划，将可衡量的战略管理与运营管理紧密联结在一起，并在我们的管理大事记中预留了位置。

3.10 建立结果管理

必须认识到,仅有参数是不够的,结果不是靠数字带来的,它是一项管理任务,例如:

◎ 给自己制定清晰的目标。

◎ 对于如何进行管理工作,我们没有明确的规则,也不想过分强调规则。但是两三个简单的原则会有帮助,比如,迟到或开会时手机响的人罚 5 欧元,罚金将用于公益活动。这一举措对纪律管理的贡献比我预想的要大。

我们目前正尝试第二条规则:每个经理都选择一个他需要发展的能力并愿为此竭尽全力。这会激发他们的主观能动性,我们期待这种能动性带来的正向引导。

◎ 对结果最重要的是关注力。人们从我们的注意力上判断哪些重要、哪些不重要。在我和实习生说过大约 20 次见人要打招呼之后,他们开始明白打招呼对我很重要,从那以后他们就一直这样做。人不可能同时关注太多东西,因此我们聚焦在"几个"目标上。

◎ 使用战略大房子和汇报计分卡指导战略工作。

◎ 余下的就是领导的勇气:决策、清除员工前进道路上的障碍、让他们独立行动和照顾好自己(图 3-1)。

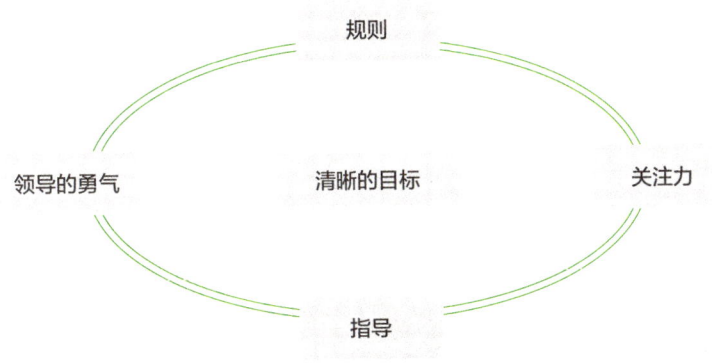

图 3-1 结果管理元素

平衡计分卡能助成功吗?

我们已与平衡计分卡共存一段时间了,
它对我们的帮助大吗?

这个问题不能简单地用"是"或"不是"来回答。我们获得以下的观察结果，你可以从中得出自己的结论。

◎ 高层平衡计分卡工作坊给我们带来令人难以置信的动力，终于可以畅所欲言，拥有一个共同开发和共享的战略，了解每个人在其中的职责，这是一种释放。

在接下来的试点部门工作坊也达到了同样的效果。

◎ 由于所有的平衡计分卡工作坊在结束的时候都有明确的工作任务，所以这种情绪便一直保持了下来。我们很快就清楚地认识到，执行意味着要奏效，为此我们需要时间、资源和坚持。

在决策工作坊上，我们"枪毙"了一些"旧"项目，这使一些人有点儿沮丧，但是我们还是强迫自己把注意力集中在真正重要的事情上。由于能共同在几个新的战略项目上达成一致，大家之后都松了一口气："枪毙"帮我们节省了时间和资源！

◎ 一些部门尚未形成变革的风气。特别对那些尚未接触平衡计分卡的人，我们没有能够成功消除他们的惧怕，他们仍旧害怕改变，害怕新的发展。

◎ 我们面前的重要工作是将共同的目标以大家都能理解的方式清晰地传达给每一个人。作为总经理，这应该是我的主要工作，我会尽量多参与战略工作坊。

◎ 令人欣慰的是，我们不断听到越来越多的部门在问："什么时候能开始建立自己的平衡计分卡？"尤其是管理层认识到，平衡计分卡方法简化了管理工作，使责任下放，从而有更多的精力去关照公司的未来——这一企业至关重要的任务上。

◎ 我们的合作伙伴、供应商、地方政府和银行对此印象深刻。我们具备成为可靠合作伙伴的能力和实力。通过我们的行动，他们越来越深刻地感受到这一点。

◎ 我们的经营业绩在过去两年里并没有改善。怎么会这样呢？我们在员工、客户和流程方面投入很多。财务部门将此记录为成本，尽管它实际上是对未来的投资，但我们的业绩并没有因此变坏，仅凭这一点就能说明很多了。

◎ 然而，最美好的一面是：无论是年轻还是年长，人们能在机构中感受到更好的关怀。他们不仅得到照顾，而且还被看作是合作伙伴；既得到支持也承担责任。尤其对年长的人来讲，这是一种特有的能量和感受，让他们再次感觉到自己被需要。

根据实际体验，我们今天比两年前更有信心展望未来。即使我很快就要退出悦生活协会的管理层，我知道我的同事们已经做好充分的准备。

我们的未来因此变得更加确定。我们感到自己在正确的路上前进，尽管前面的任务仍然艰巨，仍有很多工作要做。

感谢平衡计分卡，悦生活协会可以笃定地说：

欢迎来到未来！

平衡计分卡核对清单

本章中介绍的核对清单将为读者提供开发和执行平衡计分卡最关键的要点。

但是请记住：平衡计分卡没有捷径，也没有唯一正确的方法。没有"正确"的平衡计分卡，你的平衡计分卡必须为你的公司量身定制。

奠定基础：战略目标设置	√
这是你确定公司行业环境、分析公司状况和战略目标的地方。重要的是：充分交换想法，因为这是共同行动的基础。	
・分析目前状况： 　在现实和战略之间保持"创造性张力"。（我们站在哪里？我们想去向哪里？） 　别用太多的纸质文件。（对你来说"心不知肚不明"的，也是没用的！）	
・谈论共同的核心价值观。价值观是稳定元素，是变革暴风雨中的"锚"。	
・讨论公司的商业理念并达成共识： 　价值观和身份认同。（什么塑造了我们？在这里工作，我们因何而自豪？） 　愿景。（我们为什么而努力？） 　使命。（我们为谁而工作？） 　为什么你们是一家公司？	
・用商业模型解释商业理念： 　什么是你们的独一无二性？ 　你们的客户有什么需求？ 　你们的客户的特点是什么？ 　通过哪些核心竞争力能让你比竞争对手更好地满足客户需求？	
・通过核心能力让商业理念市场化（产品、商品、价格、允许成本）。	
・整合参会者的个人目标，这样公司的未来梦想将有更大的实现机会。	
・制定 n 年的经营规划和目标。	
・通过数字预测使 n 年的规划具体化，同时确定实现经营规划的战略节点。	
・开发一个主题库，放入为实现 n 年的目标需要完成的产品开发、管理、组织和沟通等方面的主要任务。	

1. 核心目标和企业核心形象	√
・制定时间框架，找到什么是"现在"。	
・从使命中推导出核心形象： 　在 n 年后，公司希望人们对它产生哪些画面般的联想？ 　你希望成为谁？ 　你能提供什么？（客户如何衡量我们的服务给他们带来的价值） 　你如何描述自己？ 　你怎样才能进入"客户的内心世界"？	
・尝试找到一个能传达企业核心形象的响亮口号。（这很少能一次成型！）	

• 获得一个核心目标： 　接下来 n 年公司希望实现什么？ 　要想维持自己的市场地位（至少）需要实现什么？ 　你认为什么是值得为之努力的目标（标准值）？ 　什么是（最大）可能？ 　哪些决定你今天必须做，哪些可以以后再做？ 　你还必须为哪些可能发生的事做好准备？	
• 为核心目标确定一个衡量参数。利用这个核心参数，让公司的所有人一看就能记住公司的核心目标。	
2. 战略大房子里的战略矩阵	√
• 推导出实现核心目标的关键成功要素，即，战略主题（利用前面的主题库）： 　选择不超过 4 个或更少的主题并在此之上聚焦战略行动。 　重中之重的领域是什么？	
• 为每个战略主题选择一个参数，这会使战略主题更具体化。（你希望依据什么来衡量自己？）	
• 划分潜力开发领域（视角），以此描述公司重要利益相关方的期望： 　定义你的重要利益相关方，找到你的潜力开发领域。（每个公司都不同！） 　尝试集中精力在几个利益相关方上。（少即是多！） 　为每个潜力开发领域确定一个衡量参数。参数可以使每个利益相关方的"利益"具体化。	
3. 战略矩阵内的行动	√
战略主题（纵轴）和潜力开发领域（横轴）形成战略大房子的"矩阵网"。每个"网格"就是发展点，这些发展点可以通过接下来的行动方案来填补。	
• 以结构化的方式收集具体的想法以实施战略（OAR）： 　根据先前确定的战略矩阵，在公司内部收集收集 80 ~ 150 个行动想法。 　为每个行动，定义 OAR：行动目标，行动内容（越具体越好），用来衡量行动的流程（前置参数）或结果（后置参数）。 　检查并证明行动的目标是否有助于潜力开发领域的目标和战略主题目标。	
4. 将行动归纳总结成战略项目并实施这些项目	√
• 合并行动卡： 　根据行动卡的内容进行分类组合（贯穿全部战略主题和潜力开发领域的行动卡）。 　关注与责任和管辖权有关的问题。 　合并行动，构成项目构思。	
• 为每个项目确定一个衡量参数。接下来你可以凭借这个参数使项目目标具体化。（你希望依据什么来衡量自己？）	

- 复审项目想法：
    组建一个工作小组，一个有 3 位最多 5 位员工的团队来规划战略项目。
    各个工作小组的负责人应该从参与制定管理平衡计分卡的人员中选择，虽然这不是必需的，但他们可以是日后的项目经理。
    设置项目目标。
    定义项目指标、实际值和目标值以及项目节点。
    补充缺失行动及局部项目步骤。
    按时间次序设置项目步骤。
    解决必要的资源（投资、成本、时间）。
    放回由战略主题和潜力开发领域组成的矩阵中，尝试检验战略项目对公司目标的影响。

- 战略项目决策工作坊：
    大约 7 周之后，项目经理对各自的项目进行汇报。
    管理团队讨论和选择战略项目（最好不是都做），同时做下一阶段的预算。

- 检查所有进行中的项目：
    还有哪些待办的项目因为不符合共同制定的战略目标可以取消？
    用这种方式为战略平衡计分卡项目开辟新天地。

- 指定项目负责人。号召管理者为未来投入一些时间，并参与战略项目的工作。

- 任命一个平衡计分卡负责人。谁将负责照管未来任务的执行？最合适的就是公司管理层。

5. 用平衡计分卡管理和汇报 ✓

- 为汇报流程确定目标管理委员会：
    谁应该收到汇报计分卡？多久收到一次？
    内部收件人和外部收件人应分别了解哪些内容？

- 为汇报计分卡导出适合的参数。在此需考虑战略大房子的结构以及经营业务规划。
    设法发现一些参数，在这些参数的帮助下，你可以更好地向第三方讲述你将如何实施战略的"故事"。上述第三方不一定必须知道细节，但他们应能够理解、接受和认同这个故事。
    要考虑处理这些参数的成本。

- 将战略大房子当作内部管理计分卡使用。

6. 将平衡计分卡纳入管理流程 ✓

- 指定业务部门，要求他们开发自己的平衡计分卡：
    哪些业务部门与战略有关？
    在哪些领域有必要采取不同战略主题来实现核心目标？
注意：
    只有核心目标与所有人息息相关，而战略主题则不一定这样，它是可以改变的。

- 将参数与责任人相关联。

7. 反馈和学习	√

• 每3个月审查一遍战略项目的结果。战略大房子是公司的"未来的利润表",它传达着行动的方向:
  追踪项目进程。
  检查项目效果。
  根据客观条件变化更新项目结构。
  随时准备重新考虑整体战略版图,以纠正错误的假设。	

• 每年修订一次平衡计分卡,如果需要,也可每半年修订一次:
  基本假设、核心目标和战略矩阵是否仍然正确?
  战略项目是否必须被修改,是否必须开始新项目?
  预算是否足够?
  将项目放入来年的预算。
  汇报计分卡中的目标和指标是否能用来有效指导公司的运作?	

• 建立一个有效的结果管理系统。	

推荐网站 / 文献参考

推荐网站

www.scorecard.de

传播平衡计分卡信息、展示平衡计分卡相关研究和实践现状的德语网站。此外还提供详细的最新参考文献和实践报告列表。

提供者：来自柏林的非达博士和施密特博士。

www.thepalladiumgroup.com

由罗伯特·卡普兰和戴维·P.诺顿管理的美国咨询机构——帕拉迪姆（Palladium），服务于"帕拉迪姆集团"。

推荐文献

过去几年，德语区出版了多个关于平衡计分卡的书籍和论文，其中大部分属于战略汇报系统，称为"平衡计分卡"。这大致符合卡普兰和诺顿在1992年提出的方法。

本实践指南的作者于1999年开始描绘一个真正面向实践的方法并不断加以拓展。卡普兰和诺顿也遵循了这一方法，并将它写进《战略中心型组织》一书。

以下出版物提供与平衡计分卡主题有关的践行方案：

罗伯特·S.卡普兰，大卫·P.诺顿，2004. 战略中心型组织，周大勇，等，译. 北京：人民邮电出版社.

Abel Roland, Wannöffel Dr. Manfred, 2002. Die balanced scorecard als Bestandteil der Betriebsratsarbeit. Düsseldorf.

Drucker Peter, 2002. Was ist Management. München.

Ehrmann Harald, 2007. Kompakttraining Balanced Scorecard, Ludwigshafen.

Friedag Herwig R, Schmidt Walter, 2006. My Balanced Scorecard, 3 Auflage, Freiburg.

Friedag Herwig R, Schmidt Walter, 2009. Management 2.0: Kooperation-Der entscheidende Wettbewerbsvorteil, Freiburg.

Friedag Herwig R, Schmidt Walter, 2014. Balanced Scorecard-einfach konsequent, Freiburg.

Gälweiler Aloys, 2005. Strategische Unternehmensführung, 3 Auflage, Frankfurt Main.

Horváth, Partner, 2007. Balanced Scorecard umsetzen, Stuttgart.

Kaplan Robert S, Norton David P, 1997. Balanced Scorecard, Stuttgart.

Kaplan Robert S, Norton David P, 2001. Die strategiefokussierte Organisation, Stuttgart.

Weber Jürgen, Schäffer Utz, 2000. Balanced Scorecard und Controlling, Wiesbaden.